城市基础设施数字化改革理论与实践丛书

U0368822

公交数字化改革
理论与应用

沈 勇 张剑锋 翁 军 主编

中国城市出版社

图书在版编目（CIP）数据

公交数字化改革理论与应用 / 沈勇，张剑锋，翁军
主编 . —北京：中国城市出版社，2022.9
（城市基础设施数字化改革理论与实践丛书）
ISBN 978-7-5074-3529-0

Ⅰ . ①公⋯　Ⅱ . ①沈⋯　②张⋯　③翁⋯　Ⅲ . ①数字技
术—应用—城市交通系统—公共交通系统—研究—浙江
Ⅳ . ①U491.1-39

中国版本图书馆 CIP 数据核字（2022）第 179803 号

责任编辑：朱晓瑜　张智芊
责任校对：张惠雯

城市基础设施数字化改革理论与实践丛书
公交数字化改革理论与应用
沈　勇　张剑锋　翁　军　主编

*
中国城市出版社出版、发行（北京海淀三里河路 9 号）
各地新华书店、建筑书店经销
华之逸品书装设计制版
北京云浩印刷有限责任公司印刷
*
开本：787 毫米 × 1092 毫米　1/16　印张：11¾　字数：193 千字
2022 年 10 月第一版　　2022 年 10 月第一次印刷
定价：**52.00** 元
ISBN 978-7-5074-3529-0
（904522）

本书编委会

主编单位：杭州市公共交通集团有限公司

　　　　　杭州市公共交通云科技有限公司

　　　　　中国城市公共交通协会

编委会成员

主　　编：沈　勇　张剑锋　翁　军

副 主 编：陈利强　陈施承　吴存钱　许中志

　　　　　罗序旗

编写成员：李鹏世　王瑞利　刘　举　赵国明

　　　　　林　琦　张　彤　郭礼豪　陈超华

　　　　　王均栋　何　川　袁　凯　储　煜

序言
PREFACE

　　城市公共交通与人民群众生产生活息息相关，与城市运行和经济发展密不可分，是一项重大的民生工程。早在2005年时，《关于优先发展城市公共交通的意见》(国办发〔2005〕46号）就特别提出要推动智能公共交通系统发展。要积极利用高新技术，改造传统的公共交通系统，以信息化为基础，促进乘客、车辆、场站设施以及交通环境等要素之间的良性互动，推动智能公共交通系统建设。建设公共交通线路运行显示系统、多媒体综合查询系统、乘客服务信息系统，使广大乘客能够方便了解公共交通信息，合理安排出行。充分运用信息技术，建立电脑营运管理系统和连接各停车场站的智能终端信息网络，加强对运营车辆的指挥调度，提高运营效率。此后，"城市公交智能化""智能公交""智慧公交"等概念相继出现。

　　2019年7月，交通运输部印发《数字交通发展规划纲要》，"数字交通"被正式列入发展规划。"数字交通"延伸到公交行业，"数字公交"概念应时而生，成为公交信息化发展建设一个阶段。

　　与传统的公交相比，数字公交主要有两大特征。首先在技术运用上，要将大数据、云计算、智能网联等技术集成应用到公交运营、服务、管理等方面，提升现有公交的智能化、个性化与低碳化水平。其次在运营管理与服务品质上，要打造具有更高服务水平和更人性化的新型公交系统。

　　随着我国数字经济蓬勃发展，数字化转型已经成为大势所趋。数字经济下，信息基础设施全球领先、产业数字化转型稳步推进、新业态新模式竞相发展，为公交数字化发展带来新机遇的同时，也带来一些问题和挑战，如数据资源规模庞大、但价值潜力还未充分释放等。再加上近年来城市公交建设力度不断加大、保有量稳步增长，都对公交数字化转型和发展提出了新要求。

在这一背景下，《公交数字化改革理论与应用》一书以数字赋能为抓手，统筹运用数字化思维、数字化认知、数字化技术，研究和展示了公交数化建设的需求分析、框架搭建、数字运营、数字服务、安全保障和未来发展等内容，对加速传统公交业务的数字化转型、推动公交数字化转型升级、提升公共交通服务质量、引导公众优先选择公交出行、助力城市交通可持续发展、促进现代化智慧城市发展、助力数字经济做强做优做大具有指导和示范作用。

是为序！

清华大学交通研究所副所长 杨新苗

2022 年 9 月 10 日中秋

目录
C O N T E N T S

I

第一章

概论

第一节　公交数字化建设背景

一、交通强国建设的必然趋势

城市公共交通是满足人民群众基本出行需求的社会公益性事业，与人民群众生产生活息息相关，是提供基本公共服务的重大民生工程。党中央、国务院高度重视城市公共交通的发展，2012年12月，国务院发布《国务院关于城市优先发展公共交通的指导意见》(国发〔2012〕64号)，进一步确立了城市公共交通优先发展战略，并提出了一系列优先发展公共交通的重大政策措施。《中华人民共和国国民经济和社会发展第十三个五年规划纲要》明确提出：实行公共交通优先，加快发展城市轨道交通、快速公交等大容量公共交通，鼓励绿色出行。

2016年2月，国务院在《关于进一步加强城市规划建设管理工作的若干意见》中提出，要完善城市公共服务，应优先发展公共交通。以提高公共交通分担率为突破口，缓解城市交通压力。统筹公共汽车、轻轨、地铁等多种类型公共交通协调发展，到2020年，超大、特大城市公交分担率达到40%以上，大城市达到30%以上，中小城市达到20%以上。加强城市综合交通枢纽建设，促进不同运输方式和城市内外交通之间的顺畅衔接、便捷换乘。扩大公共交通专用道的覆盖范围，实现中心城区公交站点500米内全覆盖。引入市场竞争机制，改革公交公司管理体制，鼓励社会资本参与公共交通设施建设和运营，增强公共交通运力。同年9月19日，中共中央、国务院《交通强国建设纲要》提出，要提高城市群内轨道交通通勤化水平，推广城际道路客运公交化运行模式，打造旅客联乘运输系统。加强城市交通拥堵综合治理，优先发展城市公共交通，鼓励引导绿色公交出行，合理引导个体机动化出行。推进城乡客运服务一体化，提升公共服务均等化水平，保障城乡居民行有所乘。

习近平总书记出席深圳经济特区建立40周年庆祝大会和视察广东发表重

要讲话、重要指示精神：要坚持人民城市人民建，人民城市为人民。合理安排生产、生活、生态空间，在衣食住行、教育医疗、交通（特别是公共交通）畅行、社会秩序等方面，不断提高城市管理水平和服务质量。要以"绣花"功夫推动城市智慧管理，注重在科学化、精细化上下功夫，把社会治理触角延伸到每栋楼宇、每户家庭，让"微治理"释放出大能量，让城市运转更聪明、更智慧。

2020年9月，国务院国资委在印发的《关于加快推进国有企业数字化转型工作的通知》中明确，发挥国有企业在新一轮科技革命和产业变革浪潮中的引领作用，进一步强化数据驱动、集成创新、合作共赢等数字化转型理念。加快新型基础设施建设，充分发挥国有企业新基建主力军优势，积极开展5G、工业互联网、人工智能等新型基础设施的投资和建设，形成经济增长新动力，带动产业链上下游及各行业开展新型基础设施的应用投资，丰富应用场景，拓展应用效能，加快形成赋能数字化转型、助力数字经济发展的基础设施体系。

二、数字经济发展的重要领域

数字交通是数字经济发展的重要领域，推进综合交通运输大数据发展是新时代交通运输信息化发展的核心内容。2019年7月25日，交通运输部在《数字交通发展规划纲要》中提出，应促进交通、旅游等各类信息充分开放共享，融合发展，打造数字化出行，为旅客提供"门到门"的全程出行定制服务。倡导"出行即服务（MaaS）"理念，以数据衔接出行与需求服务资源。推动"互联网+"便捷交通发展，鼓励和规划发展定制公交、智能停车、智能公交、汽车维修、网络预约出租车、互联网租赁自行车、小微型客车分时租赁等城市出行服务行业。同年12月9日，交通运输部发布的《推进综合交通运输大数据发展行动纲要（2020—2025年）》中明确，推动大数据与综合交通运输深度融合，有效构建综合交通大数据中心体系，全面推动大数据创新应用，为加快建设交通强国提供有力支撑。明确了夯实大数据发展基础、深入推进大数据共享开放、全面推动大数据创新应用、加强大数据安全保障、完善大数据管理体系，共5类21项主要任务。在推动大数据创新应用方面，要构建综合性大数据分析技术模型，研究建立具有较强应用价值的综合性、全局性大数据分析模型；提升安全生产监测预警能力，利用大数据深化"平安交通"建设；构建跨部门、跨运输方式应急管理大数据，有力支撑综合交通运输应急处置和调度指挥；加快构建以信用为基础的综合交通运输新型监管机制，加强信用监管。2022年1月12日，《"十四五"数字经济发展规划》提出，要加快数字化发展。发展数字经济，推进数字产业化和产业数字化，推动数字经济和实体经济深度融合，打造具有国际竞争力的数字产业集群。加强数字社会、数字政府建设，提升公共服务、社会治理等数字化、智能化水平。

三、实现"双碳"目标的有效路径

2020年9月22日，习近平主席在第七十五届联合国大会一般性辩论上宣布："中国将提高国家自主贡献力度，采取更加有力的政策和措施，二氧化碳排放力争于2030年前达到峰值，努力争取2060年前实现碳中和。"我国近年来减排成效显著，2019年碳排放强度比2005年下降48.4%。我国主动提出"双碳"目标，将使碳减排迎来历史性转折，这也是促进我国能源及相关工业升级，实现国家经济长期健康可持续发展的必然选择。据交通领域"十四五"期间的油控方案，交通运输行业的碳排放约占全国终端碳排放总量的15%。其中，道路交通约占交通运输行业的82%；城市交通碳排放约占道路交通的45%。我国的碳排放呈现出规模大、占比高、增速快、发展强劲等特点。公共交通是城市交通的主体，也是碳排放强度最低的机动化出行方式，因此，推动绿色出行发展，必须把公共交通发展放在首要位置。

2021年9月22日，《中共中央　国务院关于完整准确全面贯彻新发展理念做好碳达峰碳中和工作的意见》指出，应积极引导低碳出行。加快城市轨道交通、公交专用道、快速公交系统等大容量公共交通基础设施建设，加强自行车专用道和行人步道等城市慢行系统建设。综合运用法律、经济、技术、行政等多种手段，加大城市交通拥堵治理力度。同年10月26日，《2030年前碳达峰行动方案》提出，打造高效衔接、快捷舒适的公共交通服务体系，积极引导公众选择绿色低碳交通方式。

四、促进共同富裕的目标任务

2021年5月20日，《中共中央　国务院关于支持浙江高质量发展建设共同富裕示范区的意见》指出，共同富裕是社会主义的本质要求，是人民群众的共同期盼，随着我国开启全面建设社会主义现代化国家新征程，必须把促进全体人民共同富裕摆在更加重要的位置，向着这个目标更加积极有为地进行努力，让人民群众真真切切感受到共同富裕看得见、摸得着、真实可感。浙江省在探索解决发展不平衡、不充分问题方面取得了明显成效，具备开展共同富裕示范区建设的基础和优势，也存在一些短板、弱项，具有广阔的优化空间和发展潜力。要率先实现城乡一体化发展，就要推动实现城乡交通、供水、电网、通信、燃气等基础设施同规同网。同年7月，《浙江高质量发展建设共同富裕示范区实施方案（2021—2025年）》提出了发展智慧化、均等化公共交通服务，争创"四好农村路"全国示范省，推进通村客运加密提质、客货邮融合和渡运公交化改造，城乡公交一体化率达到85%以上的任务。

五、推进城市治理的核心内容

推进城市大脑赋能城市治理，让数字红利惠及每一个人，是民之所望，更是施政所向。早在2016年，杭州率先谋划建设城市大脑，探索运用数字化手段治理城市。目前，杭州城市大脑已涵盖公共交通、城市管理、卫生健康、基层治理等11大系统的核心架构，建成162个数字驾驶舱（中枢驾驶舱提供）、48个应用场景，聚力打造"全国数字治理第一城"，定位新时代通盘谋划，对照新要求精准落子。通过数字赋能，探索走出一条城市治理体系和治理能力现代化之路。

2020年3月31日，习近平总书记考察杭州城市大脑，指出运用大数据、云计算、区块链、人工智能等前沿技术推动城市管理手段、管理模式、管理理念创新，实现"数字治堵""数字治城""数字治疫"。习近平总书记对杭州市运用城市大脑提升交通、文化旅游、卫生健康等系统治理能力的创新成果给予充分肯定。

2021年3月27日，浙江省发展和改革委员会提出《浙江省数字化改革总体方案》，未来五年内，浙江省将以数字化改革撬动各领域、各方面改革，运用数字化技术、数字化思维、数字化认知对省域治理的体制机制、组织架构、方式流程、手段工具进行全方位系统性重塑，推动各地各部门流程再造、数字赋能、高效协同、整体智治，整体推动质量变革、效率变革、动力变革，高水平推进省域治理体系和治理能力现代化，争创社会主义现代化先行省；2021年4月6日，浙江省发展和改革委员会发布《数字社会系统建设4项工作指南的通知》，为全面贯彻落实省委、省政府关于数字化改革工作要求，聚焦数字社会，立足未来社区、乡村服务等社会空间，有力支撑全生命周期公共服务跨部门协同，实现幼有所育、学有所教、劳有所得、住有所居、文有所化、体有所健、游有所乐、病有所医、老有所养、弱有所扶、行有所畅、事有所便，更好满足群众对高层次、多样化、均等化公共服务需求。

国家、交通相关部委、当地政府各个层面，从各个维度都出台了相关政策和支持，重点提到了互联网+、出行即服务、公交优先发展、行有所畅、数字化改革、数字赋能、整体智治，可见对交通出行、公交数字化越来越关注和重视，提出了纲要、发出了通知、出台了方案。

六、把握数字化改革机遇，推进公交数字化建设

何谓数字化改革？数字化改革作为"最多跑一次"改革和政府数字化转型的迭代深化，是浙江省为推动生产关系更好地适应数字化时代生产力发展要求而进行的一场自我革命，是当前浙江省提升治理能力、激发社会活力、应对风险挑战、促进共同富裕的"关键一招"。

数字化改革是按照治理体系和治理能力现代化的要求而开展的一场原创性制度变革，是关于全社会生产方式、生活方式、治理方式的系统性变革。从改革的实践来看，数字化改革至少实现了三大突破：

一是观念上的突破。面对千行百业、千差万别、千变万化的复杂巨系统，如何科学把握各种变量、精准识别各种态势，树立起数字化、系统化的思维，采取数字化、网络化的方法，努力化业务流为数据流，化模糊为精确，化经验为科学，是全方位、全领域推进数字化改革所必须面对的问题。虽然各行业、部门、群体、个体的知识结构、年龄层次有所差异，但是在数字化改革的观念上应是一致的，工作的指导思想应是一样的。推进数字化改革的共识广泛凝聚、数字化观念和思维范式进一步深化、思想内驱力逐步形成，可以说是这场数字化改革最大的突破。

二是体系构架的突破。从促进政务公开、实现政务服务"一网通办"的电子政务工程开始，信息技术、数字技术、互联网技术与政务能力建设深度结

合，开发了各种信息系统和场景应用，极大地推动了政府治理能力和治理水平的现代化。但是，此前的场景应用各自独立，系统建设也千差万别、千姿百态，容易出现重复性建设和同质化问题。因此，数字化改革必须要有科学的顶层设计和体系构架。起初，省委以"152"工作体系为大框架，搭建数字化改革"四梁八柱"，即依托一体化、智能化公共数据平台，建设党政机关整体智治、数字政府、数字经济、数字社会、数字法治五大综合应用（包含"产业大脑＋未来工厂""城市大脑＋未来社区"等核心业务场景），形成理论体系和制度规范体系。在此基础上，经过一年多的实践，纵向推进到基层治理领域，横向扩展到数字文化领域，由全面深化改革"1+7+N"、数字化改革"1512"、共同富裕示范区重大改革"1+5+n"集成为"1612"体系构架。可以说，一体化、体系化的顶层设计，解决了信息化进程中一些长期想解决而没有解决的问题，是省域层面信息化与数字化体系构架的突破。

三是场景应用的突破。自2017年浙江省明确提出实施数字经济"一号工程"以来，数字化更多赋能在经济发展上，主要体现在生产技术上，包括基础技术和使能技术。云计算、大数据、人工智能、区块链、5G通信等先进技术加快推进一二三产业转型升级，极大地促进了经济的高质量发展。全面推进数字化改革后，数字技术的应用场景更加丰富，并开始向乡村振兴、农文旅融合、社会治理、关键民生小事等更大范围拓展，颗粒度更细，"小切口、大牵引"成为撬动数字化改革的重要着力点。例如，在城市空间治理上，形成了"城市大脑＋未来社区"的数字化场景，让城市管理更智慧，让市民生活更美好。

而公交数字化改革是围绕建设数字交通目标，统筹运用数字化技术、数字化思维、数字化认知，把数字化、一体化、现代化贯穿到乘客运送、线网优化、计划调度、场站建设等公交营运全过程的各方面，对公交管理的体制机制、组织架构、方式流程、手段工具进行全方位、系统性重塑的过程，从整体上推动公交发展和治理能力的质量变革、效率变革、动力变革，在根本上实现公交业务整体智治、高效协同。

何谓公交数字化？传统公交在我国的发展主要以城市公交出行服务为核心业务，公交的管理模式也主要以公交运营调度为主，而数字公交是对于传统公交业务数字化的转型。近年来，公交信息化建设的不断完善，驱使公交业务不断扩展，公交服务向数字化、定制化、实时化等方面发展。数字公交是以公交数据为核心，在传统公交运营调度、公交服务业务基础上进行公交数字化后业务延伸的现代公交信息化体系，纳入了移动端出行服务平台、定制公交、网约公交等多类型公交服务业务。

从技术架构来看，主要分为四个层次，第一个是感知层，主要包括人、车、路、场站，里面嵌入传感器，负责信息和数据的采集；第二个是网络层，网络层主要由网络和相关的设备构成，主要负责数据和信息的传输和生产管理的执行；第三个是平台层，平台层提供数据存储、计算能力，由大数据平台和云计算平台构成；第四个是应用层，应用层可以对感知层在平台层采集的数据进行计算、处理和知识挖掘，从而实现对公交要素（包括人、线、车、场站、道路及其他交通设施设备）等的实时控制、精准管理和科学决策，构建数字化感知和采集体系、网络化传输体系和智能化应用体系，形成灵敏高效的企业治理体系。在这种技术构架下，嵌入传感器、处理器、执行器，与人、线、车、场站、道路形成无缝交互的智能联网系统，将控制、传感、联网和计算能力深度融合到每个人、每条线、每部车、每个场站、每条道路中。

数字公交是公交信息化建设发展的特定阶段，代表了公交业务与管理信息化建设程度。数字公交以公交数据为核心，数字公交建设是交通行业公共出行数字化改革的核心。

第二节　公交数字化现状分析

一、发展现状

近年来，杭州交通数字交通建设取得了一些进展，其标志性信息化现状情况如下：

1.交通运输公共服务信息处置中心

项目一期完成了处置中心平台的建设，实现了运输管理、公路、港口航运、车辆管理、长途客运、公交、水上巴士等单位相关信息资源的接入与初步整合，建立了可通过服务热线、服务网站、移动应用等方式发布信息的公众出行信息服务平台。同时，建立了公交、驾培和维修三个行业监管指标体系和三大行业辅助决策系统，以辅助交通运输行业的管理和内部监管。

2.交通数据中心

该数据中心结合杭州交通实际，建立了人、车、户、路、建、管、养、运八大类5000多个数据项的杭州交通数据规范。根据数据交换规范体系，通过交换平台从各单位采集相关数据，建立杭州交通综合数据资源库，并定时进行更新。

3.交通信息指挥中心

该系统包括交通局指挥中心和港航、交通执法两个指挥分中心。其中，交通局指挥中心主要包括视频监控系统、移动视频采集系统、电话值班和会议系统、GPS车船定位监控系统及预警和应急指挥系统五大子系统。通过系统的建设和投入应用，提高了行业管理水平，提升了行业服务质量，转变了行业管理模式，变静态的、事后的管理为动态的、实时的管理；同时将应急预案流程化、规范化，提高了应急处置能力。

4.交通综合运行分析和辅助决策支持系统

该系统主要实现了三大功能：一是建立了出租车行业发展、长途客运行业发展、公路路网行业发展及交通信息化发展状况四个行业管理指标体系；二是建立了出租车运价、出租车运力、长途客运及公路路网四个辅助决策系统；三是建立了交通企业能耗分析系统。通过该项目的建设，实现了对杭州交通发展状况的科学评价。在合理制定出租车运价、合理配置出租车运力、合理配置长途客运运力、改善公路路网状况等方面为行业管理提供辅助支持，实现行业管理的精细化、科学化、高效化，进一步提升行业管理水平。

5.杭州交通运输系统信息化执法管理平台

在交通运输部"三项制度"、杭州市"两平台"试点工作的推动下，杭州交通运输系统信息化执法管理平台首创"1+12"的两级指挥、三级联动全国执法监管处置创新模式，实现执法队伍管理规范化、执法办案智能化、跨区域跨部门执法协同化、监督管理精细化以及执法服务优质化，为全国交通运输行政执法信息化体系建设奠定了坚实的基础。

随着地铁轨道通车里程达到516公里，杭州正在全面迈向"轨道上的城市"。交通主管部门对于公交行业管理面临重大挑战，这与"安全、便捷、高效、绿色、经济"现代化综合交通体系还有一定距离，对原有的行业管理模式、监管手段提出更新、更高的要求。然而传统公交行业仍有许多问题待解决，主要体现为以下五个方面：

（1）出行分担率低，客流下降、成本增加。出行距离长、候车时间不均衡、车厢拥挤等问题导致公交出行占比低，尤其最近几年地铁开通等导致客流急剧下降。

（2）城市拥堵严重，车辆调度依赖传统经验，效率低下。调度依靠调度员人工干预，工作量大；调度质量严重依赖调度员经验，行业人均调度车辆60辆，调度效率较低。

（3）市民期望更高质量的出行体验。行车计划未充分考虑客流时空规律和路况信息，导致运力和需求匹配度低，资源配置不合理，乘客候车时间长、车辆满载率不均衡。

（4）交通的规划、治理更多的还是依靠传统经验，缺乏精准度。传统线网规划依赖采样调查数据，严重依赖人工经验，线路重复系数高、站点覆盖不均衡、轨道交通衔接不足。

（5）交通的运营无法价值化，更多的是成本投入。根据《2020年交通运输行业发展统计公报》数据显示，全国城市客运装备拥有量连续六年呈上升趋势，但客流量却连续六年呈下降趋势，如在2020年，公共汽电车运输人次以0.8%比例下降。

而深入行业对问题进行剖析，可发现形成以上行业问题的根源错综复杂，主要在于以下四个方面：

（1）硬件、软件标准不一，底层对接难以互通。由于历史原因，公交企业往往都在不同阶段外采、定制过不同的软硬件，涉及体系复杂，底层的数据格式、接口标准千差万别，不同体系间相互缺乏信息交换机制，无效、重复建设现象显著。

（2）信息系统各自为政，资源价值难以发挥。在传统的信息化建设思路下，信息系统建设更关注于具体业务流程而非宏观业务本身，作用更侧重于对具体业务数据的查询和记录。于是多系统体现为一个个独立的"烟囱"，各自燃烧数据、各自产出，无论是使用到的数据还是产出的价值均难以共享。

（3）数据总量快速增长，处理能力相对不足。尽管受到上文所述的各种局限，然而客观而言，公交企业各类采集数据已极为丰富，某种意义上形成了蔚为可观的数据富矿。但是，数据资源只有在开采挖掘之后方能体现相应价值，如何对多源数据进行采集、清洗、融合等治理，如何对业务进行拆分、建模进而探寻解决具体业务问题的更合适算法，事实上是没有太多成熟经验的。

（4）成果转化需求迫切，运算能力难以支撑。城市出行量通常都是以亿级计的大数据，其分析计算需要依赖超大规模集群的计算单元、亿级高速的并行计算能力，导致对特定场景，或有成熟的需求转化方法，而不能使用相匹配算力来验证。而传统机房建设，从投入和产出角度考虑是不可能扩充至这一级别的。

以上这些问题亟待解决，以适应新时期的工作需要。

二、发展可行性

1.政策保障

国家战略实施为公交数字化发展指明了新方向。党中央、国务院发布《交通强国建设纲要》，明确提出瞄准新一代信息技术、人工智能、智能制造、新材料、新能源等世界科技前沿，加强对可能引发交通产业变革的前瞻性、颠覆性技术研究。推动大数据、互联网、人工智能、区块链、超级计算等新技术与交通行业深度融合。推进数据资源赋能交通发展，加速交通基础设施网、运输服务网、能源网与信息网络融合发展，构建泛在先进的交通信息基础设施。构建综合交通大数据中心体系，深化交通公共服务和电子政务发展。交通运输部出台《数字交通发展规划纲要》等文件，明确加快数字交通建设，数字交通是数字经济发展的重要领域，是以数据为关键要素和核心驱动，促进物理和虚拟空间的交通运输活动不断融合、交互作用的现代交通运输体系。2021年12月9日，国务院印发的《"十四五"现代综合交通运输体系发展规划》提出："注重新科技深度赋能应用，提升交通运输数字化智能化发展水平，破除制约交通运输高质量发展的体制机制障碍，推动交通运输市场统一开放、有序竞争，促进交通运输提效能、扩功能、增动能"。近年来，中央层面密集部署新基建，明确了5G、人工智能、工业互联网等"新型基础设施建设"的定位，也将数字交通作为新基建的重点方向。

2.行业推动

行业发展为公交数字化建设奠定了新起点。浙江省是数字经济大省，数字浙江建设也一直走在全国前列，政府、经济和社会三大数字化转型已取得阶段性成果。浙江省是全国仅有的两个全领域、全方位交通强国建设试点省之一，交通发展由追求速度规模向追求质量效益转变，由传统要素驱动向创新驱动转变，交通行业发展水平处于全国前列，公交数字化建设具备较好基础。2020年4月，省委、省政府高规格召开全面推进高水平交通强省建设动员大会，出台了《关于深入贯彻〈交通强国建设纲要〉，建设高水平交通强省的实施意见》，制定了《综合立体交通网规划》，形成了高水平交通强省建设的"总纲"和"总图"。其中，"迎亚运、建窗口"综合交通三年大会战、"九网万亿"基础设施建设等为数字交通奠定了新的更高的起点。2020年11月27日，浙江省交通运输厅印发《浙江省数字交通建设方案（2020—2025年）（试行）》，为浙江省推动数字交通建设明确了顶层设计，提出搭建以"1+3+N"为核心的数字交通框架体系，明确了到2020年、2022年和2025年三阶段的工作目标，力争实现数字交通建设在"全国交通行业内领跑、省内政府部门间领先"。

3. 技术支撑

新一代信息技术为数字交通发展带来了新机遇。当今世界正面临百年未有之大变局，新一轮科技革命和产业变革方兴未艾，大数据、云计算、物联网、人工智能、区块链等现代信息技术和科技创新不断突破，推进全球产业分工进一步深化和经济结构快速调整，重塑全球经济竞争格局。交通运输行业是社会经济发展的先行官，是新一代信息技术的主战场和试验田。依托全省交通发展的良好基础，以数字公交为突破口，全力打造全省公交核心技术产业生态，进一步推动交通行业前沿技术突破，实现产业链、价值链和创新链等各环节协调发展，为浙江省交通发展更换数字化引擎，推动浙江省数字经济发展迈向新台阶。

这种重大变化，一方面将有力地推动交通数字化的建设，另一方面在很大意义上也将引发数字公交建设应用在政务公开、信息整合、应用协同三个方面取得新进展。公交数字化过去走的是一条"有条件的先上，在实践中摸索前进"的螺旋式发展道路，经过长时间的早期建设，形成了大量模式不统一的应用系统。一方面，这些独立的、异构的、封闭的系统，彼此之间难以实现互联互通，是一个个名副其实的"信息孤岛"；另一方面，在信息资源方面，尽管积累的业务数据总量可观，但这些数据分别由相互孤立的应用系统生产和管理，其服务范围局限于个别应用或部门内部，各个数据库之间存在数据重叠。如此，不但带来了大量的数据重复采集，而且存在着大量的数据不兼容现象。因此，信息资源整合和共享的最大难题首先是组织困难。大部分的应用系统都是在本部门、本地区内部，按照行政机构的组织和要求实施的。跨地域、跨部门、面向服务的应用系统往往因其部门条块分割管理上的弊端而难以组织和实现。如今，随着"大部制"改革的实施和深化，将打破部门间的信息障碍，极大地促进信息资源共享和利用，实现信息的整合。

（1）前期工作为公交数字化管理平台的建设做了有效的准备。杭州市交通运输局开展2021—2025年公交数字化建设规划工作，明确了市局一级数字化管理平台和下属二级单位数字化管理平台的定位，明确了二级平台的管理需求，并初步确定了平台之间的功能接口、界面和职能划分。这些工作界定了二级平台的建设内容和接口边界条件，可具体指导二级平台建设的条件。

（2）具备构建二级平台建设所需要的技术环境条件。二级平台是各行业管理单位执行业务功能、连接上级平台的一个数字化基础平台，需要有一个良好的技术环境条件来支持保障。其中主要的内容是对公交信息的标准化建设，需要用一系列技术标准来对各交通信息系统的接入进行规范，以保证多源异构数据的接入、存储、处理、交换、分发等功能的实现。经过实践，所需要的部分标准规范已经初步落实在项目建设中，其他部分已列入编制计划，成为二级平台系统建设和运行管理的基础。

（3）交通信息管理制度的建设。随着交通运输局统筹公交数字化的建设，信息管理制度，包括信息管理办法、管理流程、信息质量保障、信息安全等方面的建设已初步得到落实。将是保障杭州数字公交建设和成功的重要前提条件之一，成为公交数字化管理各级平台建成后的运行管理保障的基础。

（4）其他省市相关建设经验将为平台的建设提供帮助。我国发达地区的市级交通数字化建设大多经过十多年的发展，从科研、系统规划、设计到工程实施，积累了很多有益的经验和教训。将为公交信息平台的建设从技术、管理等多方面提供有益参考，他们在数字化建设实施过程中形成的技术要求和文件将为市各级公交数字化管理平台技术标准的编制、实行提供良好的帮助。

"大部制"改革迈出了以科学发展创建服务型政府的必由之路，浙江交通运输新的管理职责、机构和理念，必将促使公交数字化建设大幅提速。为了有效应对不断调整、改变、新增的需求，杭州市数字公交建设的技术关键是用统一、稳定、开放、灵活的平台适应内外部部门的整合、管理流程的优化和服务的不断深入，让公交数字化系统成为一个整合、共享的整体——不管内、外部怎么整合，平台以不变应万变。杭州公交集团充分利用杭州创新活力之城的优势，自2016年开始着手建设公交大数据应用平台，提出了打造公交数据大脑的目标，稳步推进客流分析、线网管理、智慧调度、数据服务等各个方面在地面公交运营服务中的应用。2016 年 8 月，杭州公交率先推出公交扫码支付业务，在支付技术和应用场景方面实现了新的突破，主城区所有公交车已实现移动支付全覆盖，移动支付率在全国遥遥领先。在支付数据实时上传的基础上，融合了公交数据和相关互联网数据，并将其应用到公交线网布局和线路优化上，衍生出了一系列的精细化服务举措。

第三节　公交数字化的建设方向

一、公交数字化的建设目标

结合《浙江省交通数字化改革行动方案》制定公交数字化建设的目标：围绕公共交通行业数字化改革发展的新方向、新模式、新机制，实现线网管理科学化、公交服务精准化、运营调度智能化、安全管控可视化、场站管理智慧化、企业管理精细化、产业发展数字化，引领行业高标准打造"数智公交"，为市民提供更加安全、高效、精准、优质的出行服务。

二、公交数字化建设的基本原则

公交数字化建设的基本原则如下所述。

1. 用户导向原则

应充分体现"以人为本"，便民、利民的服务理念，优化城市公交的运行调度与规范化治理，建设丰富实用、经济便利的一体化出行信息服务体系，使出行信息服务惠及最广大的乘客。

2. 资源集约原则

应充分利用各地现有的动态监测设备、数据资源中心、基础通信网络、数据交换平台、机房等信息化基础条件，整合各类数据资源，统筹规划和推进城市公交智能化应用建设，加强与已有、在建、待建系统间的功能接口设计和应用集成，避免重复建设，提高行业信息化的资源整合与规模效益。

3.业务协同原则

着眼于构建现代城市综合交通运输体系，加强工程顶层设计，明确不同城市客运方式间、公交企业与行业治理部门间、城市交通与其他行业之间的业务协作，保证行业、企业间相关业务的和谐联动。

4.标准统一原则

严格遵守终端设备、应用系统、信息资源、信息交换、信息服务等方面的相关国家标准、行业标准和地方标准，保证信息高效共享和业务有效联动，形成和谐统一的有机整体。

5.架构开放原则

以保证系统可靠运行和连续发展为前提，采用开放式架构设计，满足业务功能扩展需要，加强与其他相关信息系统架构统筹和谐和有效融合，共建共享相关资源。

6.系统建设原则

深入推进统一基础平台建设和信息系统统筹整合，通过跨部门数据共享、融合提升，支撑和服务业务改革。比如未来的交通运输系统将由用户在网络上提出客货运输需求，运输系统在接收网上运输需求以后，利用大数据、云计算、人工智能等技术手段在网络上解析运输需求，提出运输策略，制订运输计划，然后再交由线下的交通运输设备设施去完成实际的运输服务。

7.场景落地原则

谋划"行有实效、管有闭环"的业务改革点，通过流程再造、政策创新等，找到清晰的城市公交数字化业务场景。包括道路、桥梁、附属设施等交通基础设施，车辆、船舶等运输装备，以及人和货物在内的所有交通要素，在新的传感、自组网、自动控制技术环境下，能够实现彼此间的信息互联互通和自动控制，交通基础设施、运输装备将具备多维感知、智慧决策、远程控制、自动导航等功能，实现主动预测、自动处置。

8.真用管用原则

建设成果突出实战实效，达到"百姓爱用、企业要用、管理能用"的目的。百姓享受精心的服务，企业实现精细的管控，政府实施精准的治理。对用户而言，未来的交通运输系统就是一个整体的运输服务提供商。系统自然会提供一整套的解决方案，包括票务的"一票制"，运输组织的多式联运、无缝衔接、连续性和全程性。

三、公交数字化的建设思路

袁家军书记在《以习近平总书记重要论述为指引 全方位纵深推进数字化改革》中指出，党的十八大以来，习近平总书记以马克思主义政治家、思想家、战略家的深刻洞察力、敏锐判断力、理论创造力，把握世界技术革命和产业变革先机，统筹国内国际两个大局，围绕网络强国战略、大数据战略、数字经济发展、数字政府建设、数字化改革等提出了一系列战略性、前瞻性、创造性的重要论述，深刻阐明了数字化发展的趋势和规律，系统擘画了数字中国的宏伟蓝图。因此，公交数字化建设，应准确把握习近平总书记重要论述的精神实质和实践要求，始终坚持党的领导，把握"满足人民对美好生活的向往"的宗旨方向。

1.线网管理科学化

（1）精准统计出行画像：基于公交基础数据和海量的营运数据，构建算法模型，全面精准计算客流分布情况，全局呈现客流走廊，输出客流量、公交客流OD（O：Origin，起点；D：Destination，终点）、客流统计等分析结果，以数据可视化呈现客流规律与客流动态分布情况。

（2）全量对比出行需求：融合获取自政府部门、互联网以及相关合作方等的公共数据，对全量乘客出行需求进行合理归集和建模，通过比对为公交线路规划、调整提供有效的决策依据。

（3）线路调整科学决策：对于线路调整方案落地后的效果是否会达到预期，是否符合居民的出行需求，制订的运营方案是否合理，通过线路模拟运营，进行客流等指标的提前预测，为线路优化调整科学决策提供数据支撑。

2.运营调度智能化

（1）运营计划精准部署：改进当前行车计划编排对经验高度依赖的现状，基于大数据建模，结合线路配车数、人员数等条件，同时考虑线路运营过程中的流程、规则和习惯等，通过分治法、模拟法、约束参数法等方法自动生成行车作业计划，并根据实际需求自动匹配生成调派任务。

（2）实时调度科学合理：基于数据汇聚、数据高速共享交换机制，运用智能匀点算法，针对大间隔、晚点倒挂等异常调度事件进行自动化处理，降低人力作业成本，提升运营管理效率。

3.公交服务精准化

（1）乘客信息反馈：通过构建App、小程序、二维码等智能终端触达体系，全时空服务乘客，提升服务体验。同时畅达乘客、企业直接沟通渠道，促进运营效率的提升，提高乘客满意度。

（2）服务品质提升：连接已有生产运营环节，激活数据价值，以数字重构的角度重新审视如到站时刻、异常调度事件等日常情景，发起效率变革、模式变革，改良旧模式、催生新服务。

4.场站管理智慧化

（1）场站管理数智重构：通过自助服务终端实现司机人脸签到、酒温码检测、岗前学习等数据记录并分类统计；车辆出场以路、车、人、时、场、班验证放行，提升出场安全高效、规避替班行为；针对不规范及检出异常司机进行规范考核、异常复核管理；车辆回场以检、收、洗、停、补为流程规范，实现安全有序；场区使用数字巡更提高内部安全管理；达到"人、车、场"三维度的数"智"化管理。

（2）管理流程安全有序：将营运、场务流程整合优化，按照精细化、规范化、数据化的管理标准，达到简约化、少操作、少人工、高效率、显直观、数字化为核心的建设思路；将具备隐患数据统计，以规范流程进行闭环考核，达到事前预防、事中检测、事后有据的效果。

5.安全管控可视化

（1）实现安全数字化管理：司机违章、事故、驾驶习惯、教育培训、生理、管理标签、行为习惯七项指标接入系统分类管理，针对事故违章开展原点受教，发布"智汇笃行"小程序，安全学习隐患消除后系统同步闭环，同时信息录入司机安全画像，为后续排班调度提供安全参考指标，并纳入司机绩效考核，通过系统纠正司机不良驾驶行为。完成安全云脑打造，联动智慧调度系统，优化营运安全，最大程度减少安全隐患。

（2）重构安全管理流程：以最佳安全状态为基准，细化、提高作业标准、规程，在作业标准、规程的执行过程中对比最佳安全状态的偏离程度，并划分风险等级。对于超出作业标准和规程的行为、状态进行隐患治理，并评估完善作业标准、规程，弥补漏洞。把安全风险管控挺在隐患前面，把隐患排查治理挺在事故前面。

6.企业管理精细化

（1）绩效管理精准施策：通过数字化系统可形成"战略—任务—考核—分析"管理闭环，利用"多维度、多指标、全过程"的组合评价，有效地正向激励、推动战略落地；运用数字化绩效管理量身打造符合独具特点的团队，激励并发挥员工自身特长，并且以数字化量化评估执行效果，让企业员工得到快速成长。推广应用精细化的新技术和新工具，使得绩效管理的各环节更标准化，强化了投入—产出分析，优化了资源配置，促使数字化公交绩效管理系统成为智能化的管理体系。

（2）企业资产在线掌控：将资产管理数字化，建立资金流、审批流、信息流三大流程，实现对企业资产的全过程综合性管理，确保资产价值有效利用，对资产业务应用形成全程闭环流程管控，实现数据信息资源的集中收集、汇总、分类、处理和统计分析。与业务系统打通，实现全生命周期资产运营管理和资产履历，系统自动生成资产履历表，详细记录资产信息；支持条码/RFID方式盘点，可以快速、批量盘点完公司资产，摸清资产家底；对资产管理工作进行监控、评估和分析，实现资源合理配置，并为决策提供依据。

7.数字公交产业化

数据应用助推公交行业数字化：通过对公交数字化应用示范，搭建公交数据大脑，推进公交产业数字化转型升级，带动数字公交产品的产业化应用，助力产业数字化发展进程。升级优化现有各类传感设备、信息传输和展示设施、数据接入和智能管理平台等，为公交数字化提供基础信息建设设施，数字化升级也需要大量的设备和服务，两者相互促进，共同发展，助推产业数字化升级。

行业数字化促进数字产业化：数字产业化和产业数字化是一个相互促进、协同发展的过程。推动数字产业化能够为产业数字化发展提供数字技术、产品、服务、基础设施、相应的技术解决方案以及完全依赖数字技术、数据要素的各类数字产品和服务，从而引领和推动现代公交行业的快速发展和数字化转型升级。产业数字化转型的推进，又会产生关于行业生产经营销售等的海量数据，为数字产业化提供源源不断的源头活水和数据资源。

四、公交数字化的建设要求

采用"政府主导、互动协同、共建共享"的建设模式，遵循"强化数据建设，突出应用效能，提升服务质量，建立长效机制"的建设思路，确保满足近期需求，兼顾未来发展。

1.强化数据建设

以城市公交车辆、场站、客流等运行状态的动态监测为核心，强化行业治理部门与运营企业间的数据交换与共享，基本建成包含公交企业和行业治理部门两个层级的城市公交数据资源体系，并确保各类数据的真实性、准确性与及时性。

2.突出应用效能

应着眼于为城市公交行业治理部门实时监测行业运行状态、增强服务质量与安全监管能力、提升综合决策水平等，为城市公交企业提高运行效率、优化企业治理等发挥应用实效。

3.提升服务质量

应致力于为乘客提供及时准确、便于获取的出行与换乘服务信息，并改进与实时路况信息相结合的动态信息服务，让出行者切实感受到信息服务的便利。

4.建立长效机制

必须同步建立信息采集、交换和质量保证机制以及运行保护保证机制，以确保城市公交信息化建设良性发展。

第四节　公共数字化的建设意义

当前，我们已经进入前所未有的数字时代，正在创造前所未有的数字文明。数字变革成为世界百年未有之大变局的关键变量，为我们进军第二个百年奋斗目标、推进治理体系和治理能力现代化带来了一系列重大机遇和挑战。数字化改革，不止于眼下，更在于未来，是浙江立足新发展阶段、贯彻新发展理念、构建新发展格局的重大战略举措，意在推动生产方式、生活方式、治理方式发生基础性、全局性、根本性改变。

数字化改革具有发挥数据资源作为数字经济关键生产要素作用，推动生产关系深刻变革促进更高层次、更高水平上释放生产力、解放生产力、激活生产力的鲜明特征。数字化改革能充分发挥市场在资源配置中的决定性作用，更好发挥政府作用，破解要素流动不畅、资源配置效率不高等制约高质量发展的"瓶颈"，为经济社会发展增添新动能、创造新价值。

数字公交是全业务的数字化、全领域的数字化、全流程的数字化、全员的数字化。通过发展数字公交，能够实现生产执行的精益化、精益管理的精细化、操作控制的集中化、设备管理的数字化、巡检安防的及时化、供应链的协同化。所有这些变化和现象背后将是组织的变革、管理的变革、业务的变革、流程的变革。因此，对公交企业来讲，无疑是一场新时代的新革命。这种革命也体现了公交的本质，即以乘客为中心，重塑企业战略和商业模式，重新定义服务和产品，重构文化、组织和流程。

2016年，杭州公交启动数字化建设，至2021年底已取得了较好的阶段性成果，为企业的数字化转型发挥了重要作用。其主要表现在以下三个方面。

1.客运服务能力不断提升

全年实现客运量10.4亿人次（同比增长14.3%），折标总里程6.7亿公里（同比下降2.5%），票款收入10.5亿元（同比增长12.5%），新辟线路28条，优化调整线路35条，新增班次时刻公示线路103条，圆满完成重大节假日及重大社会活动客运保障任务。围绕"双碳"目标，主城区实现新能源车100%。车容车貌合格率达到97.6%，车辆途中故障间隔里程4.3万公里/次，较2020年提高2.4%。

一是推动三网三城一体化。聚焦"三网融合"，加强公交地铁接驳服务，推出"地铁一到，公交即发"准时服务，实现接驳换乘"零等待"。强化"三城融合"，以"主轴+接驳"模式，打通钱江两岸公共交通出行链。组建成立钱塘公交公司，促进区域"一体化"，加大主城区与钱塘区互联互通。

二是推动运营管理精细化。加强"班次供给与客流需求"双向平衡，通过"一线一策"优化387条线路"峰段"运力投放，日均节约车辆42辆，节约劳动力67档，高峰班次执行率达到95.4%。对20条低效线路实施精细调整，提升日均客运量148%；对"天目—环北—艮山"通道内涉及公交线路进行优化整合，日客运量提升17.5%；全面推行场站"自主双保"机制，在全国率先试点312辆公交车全生命周期维保，实现平稳过渡、提质增效。

三是推动运营体系数字化。基于云调度系统、线网分析系统和大数据平台，对168条线路的首末班时间、发车间隔进行动态调整，使得运力投放与市民乘车需求更加匹配。全年工作车率达到86.1%，高峰班次执行率达到95.4%，母公司折标百公里运送人次为133.6人次，较2020年提升30.4%，运营投诉量较2020年下降23.5%。主导推进的"数字赋能公交公共服务标准化项目"成功入选国家市场监督管理总局及标准化管理委员会试点项目，在国内行业起到示范引领作用。

四是推动需求导向多元化。完善"定制公交"服务体系，全年开通心动巴士90条、求知专线81条，实现创收1.9亿元；以四季青市场区域交通整治为样本，推出3条线上预约专线，日均客运量达881人次；制定《定制公交"五条禁令"》等制度，促进定制公交服务规范化、标准化。

五是推动公交服务品质化。创新推出"公交小灵通"沟通机制，有效化解线路调整中的各类矛盾；在1860辆公交车上安装盲人语音导乘系统，方便盲人乘车出行；公共自行车推出"信用免押"服务，主城区实现第三代市民卡租用功能全覆盖，全年租用量达到6331.7万人次，较2020年提升9.6%。

2. 安全管控水平不断提升

坚持系统思维，强化大安全理念，不断提升风险识别评估、监测预警和处置能力。加大数智安防建设，推广应用行车安全管理系统、停车场管理系统、安全行车预警系统及"智汇笃行"在线学习系统，完成浙江省交通运输厅"风险研判与预警数据模型构建研究"，提升本质安全能力，全年未发生各类重大安全生产事故，全年有责重大行车事故间隔里程达到24779.5万公里/次，未发生有责一般行车事故，为实现高质量发展打造了良好基础。

3. 企业管理能力不断增强

一是深化改革激发活力。扎实推进问题整改落地和"回头看"，完善内控体系，实施职能机构改革，落实"分类管理、分权管控"责任，依法经营和降本增效能力明显增强。

二是搭建集中采购体系。加强集团采购管理，设立集中采购中心。

三是全面实施"自主双保"。通过"系统替人、机器换人"，节约大量劳动力，减少成本支出。

四是人力结构持续优化。坚持"精干高效"，优化劳动力结构，客运总人车比降至2.2，达到国内同行领先水平。深化"院企合作"，强化职工教育培训，落实年度职业技能等级认定评定，提高员工职业化水平。

II

第二章

公交数字化建设的需求分析

第一节　公交数字化建设的总体需求

为加快城市公交发展，实现交通决策科学化、管理现代化、交通基础设施运行效率的最大化，提高市区交通运行效率，方便企业管理、方便市民出行，公交营运企业需统筹运用管理资源，全面推进公交优先，加快建设枢纽设施，充分满足城市公交出行需求。

数字公交是基于新型互联网架构，采用云计算、大数据、AI技术和数据安全等先进技术，结合公交运营业务和管理规范，对公交数据进行治理，融合多源数据，挖潜数据价值，应用于公交运营、服务和管理。极大地提高现有公交企业的管理水平和运营效率，降低企业管理成本、运营成本，降低车辆消耗成本、运营安全隐患，提高运能运力、调度时效性，提高工作效率、工作质量，加速企业资金流动，降低企业运营资本总额，提高资金利用率。通过构建并整合基础有线无线通信网络，安装车载终端，建立监控调度中心，建设公交GPS监控调度平台，对公司所属公交车辆采用统一信息平台，对它们进行实时监控、跟踪、调度。通过信息技术等方式对传统公交系统进行技术改造，从技术上落实公交优先发展的战略，提高公交系统的服务水平和管理水平，争取实现在城市客运交通中占有较大的运量分担比例，达到城市土地空间资源、能源的高效使用，保证系统的安全运行，提供高品质的客运服务。

公交数字化建设主要有以下五个方面的需求：

1.提升城市公交运行监测水平

（1）完善城市公交行业基础信息采集能力。城市数字公交系统的基础信息（企业信息、从业人员信息、车辆信息、线路信息、专用道信息、站点信息、场站信息等）采集入库比率达到100%，整合市民出行需求数据、社会交通流数据、公交数据，实现云上的集合计算、维护和管理，确保大数据的一致性和完整性，可存、可算、可用。

（2）完善城市公交动态监测体系建设。其中，数字公交车载智能服务终端

（车载定位调度服务一体机、视频监测设备）、公交一卡通（以下简称"IC卡"）刷卡机、客流统计器应实现全覆盖安装（可优先挑选主要公交干线、客运走廊等重点线路，有条件的城市应实现市域范畴内全覆盖）。车载智能服务终端的平均上线率应不低于95%。公交数字驾驶舱系统的运行信息（包括运营计划信息、运营服务信息、车辆运行信息和安全事故信息等）采集入库比率应达到100%。

（3）借助IC卡、车辆定位技术实现客运量、客运收入和运营过程的自动采集、传输，提高企业基础生产信息记录的实时性，满足不同层次、不同范围的核算需要。统计报表分析用报表自动生成，提高企业效率。与企业综合信息管理系统联网，实现企业经营管理的办公自动化。

2.实现智能化生产运营

在大数据云端集合的基础上，将多维度数据与公交数据进行混流对比分析并输出相关结果，指导公交调度排班。变"经验调度"为"动态监控、实时调度"，实现多线路集中调度或区域调度甚至是无人调度。取消现行的手工填写《行车记录》，加强调度人员对生产现场的全面掌握，使有限的调度人员真正把精力用于现场调度。同时将公交线网、站点、速度、运力等运营数据可视化输出，在运力不变的情况下，减少在线运营车辆，实现均匀合理的行车间隔，缩短车辆停站时间，减少首末站待发车辆及其所占用停车面积。提高人力资源素质和劳动生产率，减员增效。

3.改进市民出行信息服务方式

建设公交App，为公交公司与乘客之间搭建联系的桥梁。为乘客提供精准的到站查询、多种出行规划方案、人性化的到站提醒等服务；为公交公司提供线路资讯发布平台，同时可及时了解到用户意见反馈，拓展覆盖用户出行场景。

重视电子站牌和LED信息发布屏等显示设备对运营车辆到达时间的预报及位置信息显示，提高公交的社会服务水平与服务质量。繁华路段设立多媒体查询终端，既可以吸引乘客，又可以美化城市形象；大幅度改变重复线路联合站牌的现状，任何中途站只需1～2个综合电子站牌，降低对社会资源的占用，便于乘客查询与乘车。

4.提升行业监管水平

实现行业治理部门对城市公交行业基础信息以及运行状态信息的准确把握，增强行业治理部门监管能力，促进运营治理规范化。

实现对城市公交数据资源的综合利用，增强行业治理部门对服务质量考核、发展水平评判、线网优化调整等方面决策的科学性。

5.提升安全保障能力

加强城市数字公交车辆及场站等重点设施的运行状态监测与安全防控。

增强数字公交运行状态非常监测与预警能力，提升城市公交系统应急反应能力和安全保证水平。

加强与其他城市客运方式指挥调度与应急处置系统的和谐联动。

充分利用云计算领域的技术优势，实现公交信息化系统云端化，保证信息化系统运行的可靠性，保证数据的安全性、完整性，有效降低企业维护和固定资产投资成本。

第二节　建设任务

公交数字化建设主要为支撑层、数据层、应用层和保障体系的建设。

1.支撑层

支撑层主要分为配套工程、网络系统、应用支撑系统、硬件支撑系统四个部分。

（1）配套工程

配套建设场地、网络和主机存储，为数字公交项目顺利实施提供场地和基础设施。场地建设包括调度指挥中心、调度室和机房等。

（2）网络系统

传输网络包含无线移动通信传输链路和固网专线传输链路两部分，通信基站接收到来自前端公交车的数据信息之后，经网关送入固网专线，供监控中心使用。具体来说，网络通信包括有线网络、无线网络（2G、3G、4G、GPS、北斗卫星通信）等，为整个数字公交系统应用提供通信服务。

（3）应用支撑系统

为数字公交系统应用提供统一的支撑环境，包括操作系统、数据库、安全认证和地理信息引擎等支撑软件。

（4）硬件支撑系统

硬件支撑系统包括应用系统支撑硬件和终端支撑硬件。其中，应用系统支撑硬件主要包括用于支撑调度系统运行的数据库服务器、应用服务器、存储系统等支撑设备；终端支撑硬件又可称为数据采集系统，主要用于信息采集、传输和处理，包括车载终端、场站终端等。车载终端包含智能车载终端、摄像头、拾音器、司机操作屏和车载POS机，分别作为GPS、视频图像、音频数据和乘客刷卡等信息的采集设备。采集后的信息经过公交车载智能终端和POS机的处理之后，由公交车载智能终端自带的无线通信模块发送给监控中心，为公交车辆实时调度提供动态数据，为出行信息服务提供基础数据，同时，提供信息交互通信功能。场站终端包括始发站的发车屏和站点的实体电子站牌。始发站的发车屏用于提醒司机每趟发车时间，实体电子站牌作为乘客信息发布终端，用于告知乘客经过此站点的所有现有线路及线路的走向，经过此站线路上运营车辆离该站的距离、发车时间等。电子站牌为各站点乘车乘客提供公交信息服务。

2. 数据层

公交云平台是数字公交系统核心所在，包括数据库服务模块、管理服务模块、数据服务模块、终端服务模块、视频中转服务模块、存储管理服务模块、Web服务模块等应用，它们共同形成数据运算处理中心，完成各种数据信息的交互，集管理、交换、处理、存储和转发于一体，是数字公交系统能稳定、可靠、安全运行的先决条件。同时，公交企业对公交线路、公交站点、从业人员、公交车辆、公交设施、公交场站位置等数据信息进行采集，并上传至公交企业数据资源库，形成基础数据库；对运营计划管理、公交车辆定位、公交车辆调度、公交站点客流量、应急指挥、服务质量管理等信息进行采集，并上传至企业数据资源库，形成业务数据库。数据共享与交换模块主要是对公交企业、行业外其他部门的数据资源进行数据抽取、数据清洗、数据分类、数据加工、数据装载、主题展示，将行业监管所需数据交换至行业监管部门的数据资源库，为城市公交行业监管系统提供数据支撑，同时实现与其他领域相关信息系统的数据交换与共享。

3. 应用层

数字公交系统的应用层是执行日常监控、公交调度、应急指挥的场所，根据企业、行业、乘客的应用功能需求，建设企业管理系统、行业监管决策支持系统以及出行信息服务系统。

公交企业管理系统的主要用途是满足公交企业日常经营和管理的需要，对本企业的车辆和司机进行调度，对线路运营情况进行监督，对经营情况进行管理。系统的主要用户是企业内部管理人员。

行业监管系统的主要用途是满足行业监管部门对公交行业运行状况的监管需求。对公交基础设施（场站、线路、车辆、司机）进行统一管理，对运力投放、服务质量、安全监管、优惠补贴、线路评估等进行全面掌控，是行业监管、评价、规划等工作的技术支撑。系统的主要用户是行业监管部门。

出行信息服务系统的主要用途是按照统一的标准向不同的服务方式提供统一的服务信息。通过汇总与城市公交相关的各种信息，主要包括公交车运营信息、道路信息、出行有关的天气信息以及沿线周边的热点区域信息等，并提供出行方案的规划。系统可以在出行前、出行途中为用户的出行需求制定出行方案以及提供相关的公交信息，引导用户出行，让用户可以通过这些信息选择合适的出门时间，选择合适的车辆，从而减少等车时间，提高出行效率。现代信息技术的突飞猛进导致信息服务方式的多样性，公交服务信息的开放性又使得不同的主体可以参与建设。由于公交服务信息内容是相对固定的，出行信息服务系统的独立可以保证信息发布的一致性，可以满足信息发布渠道多样性的需求，可以让不同的建设主体参与公交信息服务方式的建设。公众信息服务系统在服务公众的同时还可以满足从不同渠道统一收集公众出行的需求。

4. 保障体系

保障体系包括政策规章、信息安全、标准规范、建设与运维保障体系。政策规章保障体系包括城市公交行业监管的相关政策与规章制度，是系统建设的指引。信息安全保障体系采用安全技术产品，依据安全管理制度和技术规范，保障系统物理安全、网络安全和信息安全。标准规范保障体系包括系统建设中应遵守的各种国家、行业、地方标准，为实现资源整合和系统拓展奠定基础。建设与运维保障体系制定长效运行机制，保障系统长期稳定运行和可持续发展。

III

第三章

公交数字化建设的框架搭建

第一节　公交数字化建设的总体架构

从总体架构上看，公交数字化建设分为数据资源体系建设、应用支撑体系建设和场景应用体系建设，如图3-1所示。

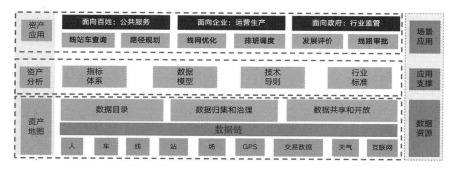

图3-1　数字化公交管理系统的总体架构示意

第二节　公交数字化建设的数据资源

一、公交数字化建设的总体要求

建设城市公交数据资源中心，依托云资源、通信网络、传感设备等基础设施，完善公交数据资源目录，建立城市公交数据资源体系，完善数据资源共享服务体系。强化数据归集和治理，提升数据真实性、准确性和完整性。

其中，企业层级主要面向企业监控调度、运营生产等管理过程，实现对公交基础数据、动态运行信息的采集、处理和存储，形成统一的公交基础数据库和业务数据库；行业层级主要面向公交基础业务管理、综合运行监测、应急指挥调度、服务质量考核与发展水平评价、行业分析决策和乘客出行信息服务等业务需求，通过定期交换共享和实时采集的方式分别获取公交的基础数据、动态运行数据，形成统一的公交基础数据库、业务数据库与主题数据库，并预留与省级交通运输主管部门、城市其他行业相关部门之间的信息交换共享。

从20世纪90年代开始，杭州公交集团即逐步开展业务应用系统的信息化建设工作，至今信息化设施已具备一定规模，逐步覆盖到各个业务层级，并对网络安全体系进行了初步建立。然而以2016年公交移动支付上线为节点，独立于现有业务系统之外的各类公交数据开始呈现井喷状态，一方面如何利用该类数据成为普遍难题，另一方面在当前数字化建设的新形势下，公交高质量发展需要的业务数据范围和种类也逐步增多。因此，需要对现有公交数据进行统一整合，形成数据资源体系，达到数据资源深度开发和综合利用的目的，并在此基础上重构数据组织方式，由此前主要对单项业务数据应用、数据之间相互独立的形式，转为各类公交业务数据有效连通和应用的形式，从而实现对于杭州公交业务的有效支撑。

从公交业务服务支撑需求角度而言，建立业务应用关联数据分类，面向业务进行数据模型构建，对不同来源的数据按照业务属性进行整合、分类，对业务数据的来源、共享方式、授权管理进行信息资源整合和共享思路的设计。

1.数据资源整合

根据集中存储的数据形式和最终数据供给方式的不同，可分为数据源聚合、数据源同步和逻辑整合三种整合方式。

（1）数据源聚合方式

对已建信息系统数据资源进行迁移是数据资源聚合的主要方式，在信息系统升级改造后，在统一的数据基础的平台上对数据资源进行聚合，在业务数据区进行核心业务的数据存储，再按照业务类型、基础数据的种类对业务对象进行模型转换后，按照集中统一存储空间进行数据仓的建设，面向业务类型、方向、统一整合共享方式对数据体系进行关联和挖掘，形成公交业务数据整合体系，同时对元数据进行抽取后形成数据类别清单，按照数据整合库的方式对各应用系统业务库数据资源进行迁移整合后，由原数据责任业务部门对元数据进行动态更新。数据仓主要对实测数据共享方式进行需求承载。

（2）数据源同步方式

数据源同步方式主要以不迁移部署原业务系统，仅按照数据资源来源和使用方式进行同步，即在数据映像库形成迁移整合后的数据资源的备份和镜像。按照公交业务对不同数据按照面向对象类型进行转化后，在相对独立的镜像空间内进行数据存储仓库的集中空间建设。按照统一共享、整合的方式进行数据体系的有机挖掘，通过对应元数据进行抽取后形成数据资源的分类目录。由于信息系统同步运行保持数据资源的动态更新，所以数据仓库对数据的共享和使用需求进行了满足。原生产库仅需提供接口供共享服务库抽取数据。

（3）逻辑整合方式

逻辑整合方式主要针对不能进行同步聚合的数据资源而建立的整合资源目录。逻辑整合方式是指将数据资源对应的数据在数据仓进行数据资源目录的统一存储，在原有的物理环境中对原始数据进行存储。这类数据一般具有极强的专业性，共享需求不大，或者具有涉密和不易公开性，只将数据资源目录进行共享。在整合后的数据资源目录的共享使用由数据仓库承载。

2.共享方案

（1）数据资源共享

通过数据资源同步聚合后，数据共享通过数据仓进行承载，结合数据交换共享授权方式实现数据的共享和交换。各业务主管部门负责对数据整合和共享进行需求申请，数据来源部门负责对数据共享权限进行设定，信息化管理部门负责数据共享技术支撑。

（2）数据资源目录共享

数据资源目录是将杭州公交集团所有的数据资源统一编制为数据资源目录体系，形成全集团唯一的公交数据资源目录服务体系，为全集团公交数据资源的统一管理、发布、查询和统计服务提供支持。整合后的数据资源目录可以为对内业务系统和对外数据输出提供服务。

二、数据目录

按照数据来源的不同，数据目录主要分为企业层数据和公共层数据。并采取不同的管理方式。

1.企业层数据

其主要对采集的人、车、站、线、场等静态数据以及支付交易数据、车辆位置数据、CAN数据、排班数据、调度数据、运营数据等多源数据进行清洗、融合和标准化治理，确保数据质量。作为公交基础数据平台和线路档案，可检测静态数据偏差，并具备对站点、线路、人员、车辆、场站等数据方便维护的功能。

数据采集坚持"一数一源、充分共享、连续更新"原则，避免重复采集，确保信息的完整性、及时性和准确性。各类信息的内容及最低更新频率要求如表3-1所示。

各类信息的内容及最低更新频率   表3-1

序号	类别	内容	最低更新频率
		公交基础信息	
1	公交企业	企业名称、企业组织机构代码、企业地址、企业类型、注册资金、员工人数、运营线路数、法定代表人、联系方式、经营资质、安全生产标准化达标、服务质量、信誉等级等基础信息	每年更新
2	从业人员	姓名、性别、出生日期、身份证件类型、身份证件号码、联系地址、联系电话、工种、驾驶证、培训、连续教育等基本信息	每季度更新
3	车辆	车牌号码、所属企业编码、车辆类型、车牌颜色、车辆长度、车架号、发动机号、燃料类型、排放标准、座位数、额定载客人数、购置及使用、设备配置等基础信息	每季度更新
4	运营线路	线路名称、线路长度、平均站距、运行线路图、站序、线路类型、详细站点、运营时间、票价等基础信息	每季度更新
5	公交站点	名称、位置、站点类型、站台类型、站牌类型、站牌数量、其他设施等信息	每季度更新
6	公交专用道	所在道路名称、起点位置、终点位置、长度、车道宽度、设置方式等信息	每季度更新
7	公交枢纽	枢纽名称、对外交通方式、类别、等级、枢纽经纬度等信息	每季度更新
8	公交停保场	场站名称、面积、场站类型、场站功能、保养级别、修理能力、服务人员数、停车位数量等信息	每季度更新
9	地理空间数据	城市基础地理空间数据、道路网数据、公交地理数据（包括公交线路、专用道、站点、场站）等	每季度更新
		公交运营信息	
10	车辆运行信息	车辆编号、所属线路、上下行、定位时间、位置坐标、方向、速度、停靠站点以及车辆总线数据等信息	实时更新
11	视频监控信息	车内、场站等的视频监控信息	按需实时获取
12	客流监控信息	IC卡刷卡交易信息、带客流统计的智能投币机客流采集信息、其他客流采集设备所采集到的客流信息数据	实时更新
13	运营计划信息	季度计划、周计划、高峰计划、节假日计划等信息。计划内容包括线路编号、时间段、计划发车趟次等信息	每月更新
14	运营服务信息	发车班次、计划完成情形、运行时间、超速次数、甩站次数、带速开关门次数、运营里程、非运营里程、能源消耗等信息	每日更新
15	运营事故信息	事故时间、事故地点、事故类型、车辆牌照号、客伤人数、客死人数、经济缺失、结案时间、处理结果等信息	每月更新

序号	类别	内容	最低更新频率
16	应急资源信息	应急治理机构、应急队伍、应急物资、应急预案等信息	每季度更新
综合分析与服务信息			
17	综合统计信息	发车班次数、班次兑现率等运力信息，首末班发车正点率、平均运行速度等运行效率信息，站点客流、线路客流、断面客流等客流信息	每日更新
18	服务质量评判信息	评判指标，服务监督、服务投诉、中意度调查等信息，安全性、便利性、舒服性、可靠性等分项考核信息，总体考核信息	每季度更新
19	发展水平评判信息	评判指标信息，公交系统综合性能、政府保证能力与治理水平、公众体验、综合效益等分项评判信息，总体评判信息等	每季度更新
20	乘客服务信息	公交基础信息、换乘、车辆到站预报、运行异动、交通路况、交通气象、IC卡充值等信息	基础数据按需更新，动态数据实时更新

根据建设内容和实际数据需求，综合考虑网络传输等技术条件，应采用合适的数据采集方式和技术方案。数据采集有数据交换平台、数据库共享、网络服务接口、电子数据批量导入、数据人工录入等方式。数据采集过程中需加强数据质量治理和控制，建立数据质量管控机制和处理流程，包括数据质量监控、数据质量问题处理、数据质量评估和数据质量报告等。

企业层数据主要可分为三类：第一类数据为公交基础信息，如从业人员、车辆、站点等；第二类数据为公交运营信息，如车辆运行状况实时信息、运营计划信息等；第三类数据为综合分析与服务信息，即在基础数据之上按照基础数据模型形成的，如发车正点率等综合统计信息、安全性满意率等服务质量评判信息等。

2.公共层数据

公共层数据主要是指来源于政府部门、行业合作的所有权非归属于企业自身的公共数据，如天气、路况、信令等。其价值利用是有效补充数据缺失、建构完整数据模型的必要补充。在公共数据利用方面，须根据其特性从全面规范角度综合考虑有效实现的方案。

（1）多样性数据。公共数据利用场景决定数据价值，同样的公共数据使用场景越特殊，其价值越大，而且公共数据与不同数据的结合也将影响其价值。将相同的公共数据与不同的数据聚合在一起应用于不同的算法或分析目的，将会得出不同的结论，释放不同的价值。大量的公共数据具备多样性特征，可长期获取使用，也已经反复在不同场景的使用中得到验证，具备较高的数据质量。因此，在数据目录构建过程中，对该类数据应予以重点关注，尽可能丰富应用场景，力求发挥数据价值。

（2）限制性数据。公共数据承载着诸多利益，包括但不限于个人隐私、商业秘密、国家安全等。在公共数据利用前应进行必要的技术处理，以尽可能降低因公共数据利用而给特定主体利益造成损害的风险。因此，在数据目录构建过程中，对该类数据应设计更为严格规范的安全制度，保障公共利益不受损。

（3）不确定性数据。技术方案具有确定性，但公共数据作为一个数据集合，其边界难以事先确定，唯有数据使用者提出具体使用请求时，方能最终确定公共数据开放许可的数据集合范围。在数据目录的构建过程中，对该类数据应降低依赖程度，规避应用风险。

具体而言，公共层数据相比企业层数据拥有更大的流动性，既对数据目录乃至数据资源体系完整搭建具备重要意义，也需要时刻关注其应用风险，随时保持数据目录的更新。同时，公交自有的企业数据对外也是公共数据的重要组成部分，二者相辅相成、不可或缺。

三、数据治理

相较于数据目录建设，完善成体系的数据治理方案亦极为重要，是破解信息孤岛、数据质量不高、信息安全隐患等数据管理难题行之有效的做法。数据治理方案主要涉及对数据开展数据梳理、数据标准制定、数据治理体制机制建立等工作。

1.数据资源中心

针对当前大数据项目普遍存在的问题，遵循"统筹规划、引流拓源、精细治理、标准权威、统一服务、敏捷开发"的设计思路，开展数据资源中心建设。

2.数据目录体系

设计服务目录的生命周期管理功能。目录生命周期管理面向用户提供目录服务的编目、审核、发布、展示、检索、申请、使用以及维护、监控、优化的全过程管理功能，通过该项功能实现服务全生命周期的监控和管理。

3.数据标准体系

建立数据标准体系，须坚持统一标准、统一管理、唯一来源的原则。

（1）统一标准原则

信息化应用系统采集和产生的数据，应遵循国家发布的相关数据标准及制定的数据标准和接口标准，包括数据编码规范、元数据规范、非结构化数据统一描述、规范数据集统一描述规范等。

（2）统一管理原则

指定专人进行数据质量管理，在标准体系、权威部门的指导下，定期审核、规范数据生产的过程。

（3）唯一来源原则

对于部分指定的唯一来源数据，其他单位只能引用和衍生，而不能采集和更改。

4.数据质量保障体系

为满足业务运行、管理与决策的程度，对数据质量有以下五个方面的评价维度。

（1）准确性：数据是否能够准确、真实反映实际信息，以及是否符合数据标准的要求；

（2）完整性：业务操作所需要的数据是否完备；

（3）时效性：数据是否能够及时被获取，以及是否能够反映当前业务情况；

（4）一致性：反映同一业务实体的数据及其属性是否具有一致的定义和含义；

（5）适当性：数据是否在可控、安全的范围内发布和使用。

5.数据管理体系

完善整体数据管理和运维体系，提供数据可视化管理和操作规范，包括角色、权限、元数据管理规范，并且建立数据运维规范，包括数据质量监控、数据查询、数据调用等数据运维规范，以规范相关人员对数据体系的管理和维护行为，保障数据体系运行的可靠和稳定。

四、数据共享

完善业务协同和数据共享，健全跨部门、跨地域、跨层级、跨主体、跨业务数据互联互通和协调推进机制。发挥市场主体作用，科学配置各类资源要素，参与构建跨界融合、共创共享的数字交通产业生态。

1.跨部门共享

推进政府及相关部门将数字化业务应用和公共服务向公交延伸；建立联合开发和推广机制，实现部门间基础平台和服务系统数据共享和业务对接。

2.跨地域共享

推动市场主体建立跨地域合作服务体系。全面对接省（市、区）级数据平台，逐步建立跨区域乃至与长三角、国内其他省市的数据共享和业务协同模式。

3.跨层级共享

政企合作开发有关数字化平台，以数据能力开展咨询规划、设施建设、应用开发、运营维护等服务。在保障数据安全、商业秘密和个人隐私的前提下，开展数据共建共享。

4.产业链共享

企业开展公交产业链上下游企业间多元化合作，建立市场化、数字化业务协同体系。

只有在数据形成系统资源体系之后，方可支撑各类跨部门、跨地域、跨层级、跨主体、跨业务数据应用场景，并创造数据价值。典型的如开放给App、公众号、小程序和电子站牌等信息服务平台；开放给交通行业监管部门为行业监管平台提供数据支持；开放给政府为各部门管理决策提供数据共享；开放给规划部门为城市规划提供数据依据；开放给社区为未来社区建设提供信息查询和公交服务等。

第三节　公交数字化建设的应用支撑

建立指标体系、数据模型、技术导则和行业标准等应用支撑体系，提供场景应用创新基础工具。

一、一仓五库

在数据资源体系完善、形成统一数据仓库的基础上，搭建模型库、算法库、知识库、规则库和工具库五大智能库，如图3-2所示。

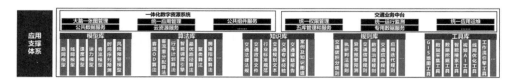

图3-2 一仓五库体系示意

1. 模型库

模型库是基于公交行业对应的业务运行逻辑，通过典型应用场景分解与数据能力整合，建构的数据层面体现公交业务、公交运营以及包含基本业务分析的数据功能集，主要有路网模型、线网模型和速度模型等。

目前，我国尚无标准的公交数据模型库，公交企业往往是自行或联合少量企业、少量专业服务机构调研分析获取、建立数据模型。以此为前提所进行的业务生成、业务反馈和业务评价，因样本不具典型性和有效信息少，导致缺乏普适性。并且，各个企业都独立进行，存在很大的重复投入。因此，采用"互联网+"的理念、平台和技术获取大数据，建构大量专业的业务模型和建成业务模型库，成为公交行业发展转型升级的迫切要求。

2. 算法库

算法库是基于公交行业庞大的数据量级、多元的数据来源、特殊的业务逻辑，以通用算法加针对具体使用场景建构的专用算法形成的数据功能集，主要有客流OD算法和客流重分配算法等。

就"算法"字面意义而言，它是计算机解决问题的流程，往往需要根据不同需求进行设计。得益于计算能力、数据产生能力以及算法更新水平三个方面的不断进步，面向不同行业已发展出大量算法，并形成了一系列的算法库，以应对具体使用场景需要，著名的有电商行业的推荐算法、搜索行业的索引算法等。然而虽然目前可供选择的"工具箱"越来越丰富，但由于公交行业的专业性、复杂性，在通用算法之外，对解决具体问题的专用算法及相应应用的需求在直线上升，仍需要发展更多的专用算法以提升可用算法库的水平。

3. 知识库

知识库是基于公交行业的特殊性，引入外部数据源与业务现状相对照，以数据孪生、即时更新为基本特征，构建的体现外部对公交运营要求的数据功能集，主要有交通法律法规、交通政策文件、行业标准规范等。

公共交通属于典型的公共事业，其日常运营受到较多的国家法规、地方条例、行业规范等具体限制，如节假日、重大活动期间，公共交通所承受的限制通常单独设置，其所履行的职能也与私家车辆等不同。这项特征导致交通行业通用的数据建模及数据计算方法难以保障业务结果计算的正确性，而以多元获取、业务回溯的方式累计新的知识规则，和外部获取的已有知识规则组合，形成专门分类的、随时更新的知识库正是解决上述困难的关键手段之一。利用该知识库，既可以按要求灵活调整公交业务模式，又可以为交通行业监管升级、提升社会利益提供新手段。

4. 规则库

规则库是基于公交行业内生性业务规则构建，不仅是其数据化体现，更以促进数据体系规范化、促进数据来源标准化为目标的数据功能集，主要有交通碳积分规则、交通信用规则和交通应急规则等。

在前文所述的被动接收的知识库涉及法规条例之外，公交行业另有主动构建或参与构建的各类规则。如曾经的公交移动支付建设，需要依赖外部的信用支付能力进行托底；如新兴的碳达峰碳中和目标，为鼓励双碳在公交领域实现，需要联合外部共同搭建碳积分体系。这类规则的目的性较强，当业务应用形成一定规模以后，即需采用统一的规则库进行底层架构管理。分库的好处在于便于内外部集中利用该类规则，快速构建数据规范体系，催生数据应用场景。

5. 工具库

工具库是基于公交行业自采数据，通过标准工具和标准体系构建出共享能力，大幅度丰富数据使用场景、提高数据使用价值的数据功能集。其主要有数据采集工具、数据挖掘工具和线网优化工具等。

数据的价值在于开放使用，以各类行业标准为蓝本建构起规范有序的数据工具是推动数据价值最大化的有效方案。只有在构建出基本的数据共享工具，创造出标准的数据共享手段，才能以相对科学合理的方式验证数据应用的广阔前景。一方面，数据对外开放意味着对自己提供的数据的真实性、合法性等承担义务，对该数据承担瑕疵担保责任，有助于敦促自身提高数据质量；另一方面，数据在外部使用产生的结果通常与自身业务具备高度相关性，其不同实施结果可以在自身较少参与、较低成本投入的情况下证明不同算法模型的可行性，有利于以更高的视角重新审视数据价值。

一仓五库的协同与互动示意如图3-3所示。

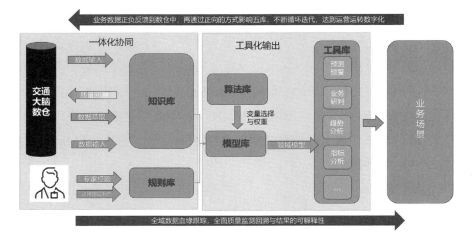

图3-3 一仓五库的协同与互动示意

二、制度保障

公交数字化建设的制度保障有如下四项：

（1）成立工作专班，确保推进速度。根据推进的具体情况，成立系统开发专班、上线率推进专班等工作专班，明确工作任务、完成时间和责任人。领导小组每月召开一次专题会议，工作专班每周召开一次会议，落实各项工作保质、按时推进。

（2）重视数据接入，确保数据质量。一是根据数据清单，协调移动支付平台提供商、调度系统服务商和线路数据维护单位等，做好各类数据的接入；二是评价各类设备完好情况、在线情况和数据延时情况等，分析数据质量，共同解决影响数据质量的环节和问题；三是建立数据维护机制，确保责任明确，专人负责；四是做好数据的清洗、融合、完善等处理，对数据质量进行评价。

（3）云上交付系统，确保快速上线。为满足数据治理、数据互联、数据应用等计算能力和快速响应能力保障，减轻公交企业经济负担，提高应用体验，确保系统前瞻性、安全性和可扩展性，设计云上交付模式，只要对接好数据和保障数据质量，方便各业务部门使用。

（4）注重需求对接，确保以用为大。考虑到公交运营业务专业性强、流程复杂、细节繁多、实时性要求高等特点，在支撑体系的设计过程中，应区分普遍性需求和个性化需求，区分常规事件和异常事件处置办法，区分不同层级不同角色数据和业务衔接要求，形成需求文档，并通过周例会的形式不断反馈问题、不断调整、不断迭代、不断完善，确保应用功能贴近实际应用需求。

三、公交数字化建设的标准体系

通过标准化建设，做到服务有标准、管理有标准、工作有标准。浙江省杭州市的公交围绕公交数字化建设的实际需要建立了数字赋能公交公共服务标准体系，包括服务通用基础标准体系、服务保障标准体系和服务提供标准体系等，覆盖杭州公交公共服务全部工作内容。其标准体系结构示意如图3-4所示。

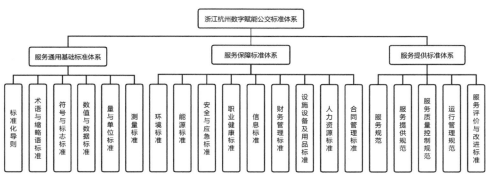

图3-4 浙江省杭州市数字赋能公交标准体系结构示意

同时，建立地方标准体系。浙江省地方标准一个，为《微公交运营服务规范》；长三角区域地方标准一个，为《纯电动公交车运营管理规范》；杭州市地方标准两个，为《公交场站工程质量缺陷防治规范》《公共汽电车维修车间建设与管理规范》；团体标准3个，为《公共汽电车车辆保洁规范》《公交安全行车预警系统技术规范》《城市公共汽电车客运企业运营成本测算指南》。

建立标准体系后，重点开展针对一线工作人员的标准规范培训，提升一线工作人员的工作质量和工作效率，形成一支既有标准知识，又有工作能力的标准化实施推广队伍。采取大讨论、广泛征求意见等形式，使标准制定的过程同时成为宣传贯彻、充分理解、全员培训、自觉执行的过程；并利用各类媒体，大力宣传杭州数字赋能公交公共服务的核心标准。同时，对标准体系的有效性、运行情况、标准化管理状况进行监督检查，对标准实施的符合性和实施效果形成评估报告。确保纳入标准体系架构内的标准得到有效实施，促使标准体系运行的系统性、有效性和持续性。对标准实施过程中形成的记录完整存档，针对检查发现的问题，及时进行查漏补缺，持续改进，不断总结提高，提升标准化水平。

第四节　公交数字化建设的场景应用

建设公交数字化全省基础性、通用性应用体系，推进地方特色性应用体系，引导开发市场化应用体系，形成公共服务、运营生产、行业监管三大领域业务应用体系。

数字公交交通应用场景从其服务的对象角度，将其划分为三大类，分别为智能＋运营企业端场景、智能＋乘客端服务场景、智能＋城市交通管理场景。

1. 智能＋运营企业端场景

在智能＋运营企业端场景下，面向公交运营服务商，为其提供服务优化、安全管理、盈利探索、运营模式创新四类产业赋能，以智能＋业态促进行业企业经营痛点得到改善。

（1）服务优化：智能车辆调度功能与智能线路规划功能，凭借数字化能，对城市居民日常出行需求进行量化分析，重构供给端运力资源以最大限度满足公众需求，在一定程度上减少公众绕路、换乘，提高公共出行直达性。

（2）安全管理：智能设备维护功能，通过智能机器人代替人工方式，进行车辆及轨道巡检，提高检测效率、实现潜在故障及时预警，减少由于故障造成的突发性停车，保障公共出行安全可靠性。此外，智能安全管理功能基于场站与车辆内的客流分析与全貌监测，降低公交场站人群踩踏等事件发生风险，实现对扰乱社会治安秩序事件、危害公共安全事件的提早感知与应对，提高公共出行服务的安全保障。

（3）盈利探索：商户智能营销功能，建立场站线下商户与用户间的数字化连接，对公交用户采取用户分层、智能推荐、转化复购等智能化营销手段，实现为场站周边智能商业体引流，达到扩展企业盈利渠道的目的。

（4）运营模式创新：公交运营服务企业内部，将打通企业自身的ERP、HR、OA、财务系统、线下票务、场站管理、周边商业体等环节，实现企业日常运营决策数字化，提高企业内部运营效率。

2. 智能 + 乘客端服务场景

在智能 + 乘客端服务场景下，面向城市公众，通过智能 + 方式提高公交服务的准时性、舒适性、安全性、省时性，以增强公交服务吸引力。

（1）行前服务：用户出行前，智能线路规划功能与智能出行时间规划功能将基于路况分析预测提供车辆到站时间发布、行程时间预估，帮助乘客合理安排行程，减少乘客在站点候车时的等待焦虑，提高用户对公交出行方式时间可控性的认知；与此同时，基于公众出行需求进行分析预判，公交营运企业得以提早进行智能车辆调度，使得公交运力资源与潜在需求达到匹配，在一定程度上降低车厢与场站人群的拥挤程度。

（2）场站服务：场站内的智能票务服务与智能安检服务，分别依托城市居民线上支付体系、线上信用体系，实现减少安检、检票等环节的时间的目的。此外，智能调度功能与智能场站客流分析功能的结合将实现及时增派车辆，降低场站人流拥挤度，提高公共出行舒适度。同时，智能场站消费推荐则基于用户消费偏好与定位信息，为用户个性化推送周边消费场所，满足用户出行以外的其他日常购物需求。

（3）在途服务：行车途中，智能车辆设备状态实时监控功能与智能司机驾驶状态监管功能，将为乘客的出行安全构筑屏障。此外，未来智能 + 公交服务将对局部易形成拥堵路段实现基于车路协同的指挥调控，以保障相比于其他交通出行工具，公交车辆拥有一定的优先通过权重，提高公交出行方式的省时性。以衢州公交"智能绿波带"项目为例，衢州公交通过 AI 能力调整路口交通信号灯的时长，实现公交车行驶完整线路所需的红灯等待时间降低，同时做到对区域内其他形式交通工具的影响最小，使得车辆在途延误时间降低 10%。

3. 智能 + 城市交通管理场景

在智能 + 城市交通管理场景下，面向城市交通管理者，以智能公交管理平台为载体，提供智能道路交通分析预判、智能道路疏堵、智能规划决策、智能交通量化评估。值得注意的是，其"分析判断—决策定制—量化评估"动作将形成闭环，对城市交通体系服务进行持续迭代打磨，提高城市运转效率。

企业依托数据资源体系和应用支撑体系建立场景应用体系，建设公交数据大脑，完成数字驾驶舱、主数据、公交数据云图、客流分析、线网分析、运营调度、司机 App 等与公交生产运营、服务、管理密切相关的系统建设，做好数据治理，完成与省市（县）平台的对接与共享，开展生产经营数字化改造，构建数字化服务体系，提升服务水平，提高运营效率。

其中，公交数字驾驶舱解决了信息系统建设各自为政的问题，将公交各子系统串珠成链，强化中枢算力，不断联结各个应用场景；主数据系统建设打造公交核心数据仓库，为上游应用提供系统化、体系化管理；公交数据云图提供了大脑的整体运营数据可视化展示，方便公交及时了解宏观指标；客流分析和线网管理平台为公交客运人员提供多维度的公交客流及 OD 查询服务，通过大脑各个业务模型算法能力和结合互联网出行数据，为客运人员线路优化调整和开辟新的公交线路提供及时的数据决策支撑；智能调度平台则在具备传统的行车计划编排、人车调派和实时调度的基础上，结合大脑大数据和算法赋能，提供自动计划编排能力以及辅助调度自动匀点能力，极大地减少了当下计划员、调度员的工作强度。

第五节　公交数字化建设的系统部署

云计算是推动信息技术能力实现按需供给、促进信息技术和数据资源充分利用的新业态，是信息化发展的重大变革和必然趋势。公交数字化具有需求多元化、场景复杂化的特点。为了加速业务创新，在保证数据安全的基础上，采用"云管端"的部署方式，将所有前端感知数据接入后端管理平台进行统一管理、数据分析和智能应用等。

1.数据中台

应用系统需要汇聚并分析处理海量数据，且需要面向广大的市民、司机提供稳定、快捷、多样化服务，需要庞大的计算资源，快速扩容、扩展的能力，而采用云计算架构资源庞大，具有良好的业务、技术扩展能力，可以非常好地满足以上的需求。

2.数据传输

数据汇聚系统功能相对较为稳定，但需要连通原有在用系统，打通数据孤岛，而原有系统大部分部署于数据中心。数据中心保密性高，数据安全性高，可控性高，可以确保重点数据的安全性。

3.数据终端

数字终端主要包括公交车辆上的一体化智能车载终端以及面向公众服务的电子站牌等，通过互联网或专网获取应用系统的数据，并向公交司机及公众提供对应的服务。

IV

第四章

数字运营

第一节　数据云图

数据云图是集实时车速和车辆运营指标监测等功能于一体的运营全景监控大屏，通过汇聚、归集公交营运车辆的实时业务数据，形成一系列真实、准确、完整的业务数据体系，并筛选300米站点覆盖、500米站点覆盖等关键指标，基于城市路网进行可视化展示。数据云图是体现城市公交信息化建设水平的标志性应用，如图4-1所示。

图4-1　数据云图示意

1.功能描述

（1）综合展示

综合展示是对公交运营状态进行大数据展示，包含公交车辆相关运行状态、公交线网站点总数、运力展示等一系列公交业务所关心的运营指标总览。

（2）站点覆盖

站点覆盖是体现公交基本服务性能的重要指标，站点覆盖屏展示了公交所有站点在地图上的分布情况。《城市综合交通体系规划标准》GB/T 51328—2018中规定，300米和500米半径是业内衡量的标准，这样的服务半径也更能反映出城市公交的便捷性。所以，大屏用这两个关键指标来观察站点在城区覆盖的范围。

（3）线网指标

线网屏主要分两个部分，线路部分地图主要展示所有公交线路的覆盖情况，站点部分地图主要展示所有公交站点的点位信息，并且可以通过点击交互抽离展示出通过该站点下所有公交线路的信息。

线路屏展示公交线路长度和线网的长度，线路长度代表城市公交线路所覆盖的道路线路长度，线网长度代表所有的公交线路长度总和。同时，大屏上也可直观看到线路总条数以及不同种类运营线路条数的分布情况。

站点屏形象展示了所有的公交站点的GPS点位，并且可通过站点点击显示该站点途经的所有公交线路的信息。

（4）车速分析

车速屏将车辆路况数据映射到地图上，越红的地方表示速度越慢。大屏右侧分别统计了三个指标：早高峰的平均运送速度、晚高峰的平均运送速度以及当前平均运送速度。折线图呈现其过去几个小时的统计数据。

（5）运力分析

运力屏将所有当前在运营的公交GPS点位在地图上显示。大屏右下角的四个折线图显示四个运营指标，分别是出车总数、在线车辆数、运营里程数以及完成班次数。大屏左侧则展示站点维度的运力排名情况，分全天和半小时两个维度，排名指标为站点的发车班次和间隔。

2.应用价值

（1）实现公交服务水平可视化，清晰了解公交总体运营情况。

（2）实时了解路况信息与车辆运营状况，作为公交运营调整依据。

第二节　数显客流

客流是公交所有业务的核心，公交数字化核心应用成果体现为客流分析平台。客流分析平台是在对公交交易数据的基础上，融合车辆定位数据、运营数据、出行服务数据、天气数据、互联网数据等，采用多种先进的算法进行稽核和建模，对公交客流进行精准的统计。通过精确的量化数据，可以了解到每个时间段、每路公交车、每个站台的人流量，利用这些数据服务于精细化管理，让公共资源得到更充分的利用。如图4-2所示的是客流分析数字舱示意。

图4-2　客流分析数字舱示意

1.功能描述

（1）线性客流分析

利用客流分析平台的客流统计功能，可准确统计线路、车辆、站点的客运量，并可对不同日期、不同方向、不同断面、不同天气的客运量进行统计，方便研究客流变化规律。

（2）站点客流分析

利用客流分析平台进行实时客流统计，能实时统计每条线路、每辆车、每个站点的客流量。

（3）区域/站点群客流分析

利用客流分析平台进行公交出行OD分析，可引入出行链算法、聚类算法等多种算法，分析站点、线路、区域公交出行OD。

（4）客流优化建议

利用互联网数据、运营商数据等，对全域出行OD进行分析。同时，对线路百公里运量、首末班车客流量、客流与班次匹配度及车辆平均满载率进行统计和排序，并对存在的问题提供解决方案。

2.产品优势

客流分析平台具有如下优势。

（1）公交线路问题排查，及时发现运营生产中的薄弱点。

提供运营效率低、首末班设置有效性、客流运力不同步等线路排行，方便公交及时发现运营生产中的薄弱点。

（2）支持多维度的各类报表实时导出，方便公交数据统计分析。

公交运营数据，以不同时间周期、不同颗粒度、不同业务维度进行导出，方便公交数据统计分析。

（3）客流的可视化呈现，直观了解客流的动态变化。

通过对线路、站点的10分钟粒度、时间段的客流，分日均、周均、日汇总等方式再结合天气进行自定义分类统计，便于公交公司更加直观地了解客流的动态变化。

（4）多元数据支撑应用，为营运生产提供决策依据。

客流分析平台具备客流OD、天气、节假日、班次等多元数据，掌控影响客流的因素，保证排班调度和线网规划数据支撑多元性。

3.应用价值

公交数字化建设使得全时、全量统计客流数据成为可能，客流分析平台改变传统客流调查方式，有效规避传统人力投入高、周期跨度长、数据量缺乏等弊端，可以实时、精准、高效地辅助公交生产运营部门开展不同维度的客流OD分析，为后续营运调度、线路优化提供可靠的大数据支撑。

第三节　数治线网

线网是公交营运能力的具象体现，公交数字化核心应用成果体现为线网分析平台。线网分析平台基于线路走向、客流特征、服务范围等线路指标，融合互联网多源数据、地理信息系统GIS信息、路况数据以及车载终端设备等数据，可以快速孪生呈现公交线网线路宏观布局、运行现状，进行合理性分析。

通过互联网等公共数据的注入，生成全量出行OD数据，对指定区域的出行特征（出行方向、出行时段、出行量）进行分析，对比分析线网供需平衡度、客流运力匹配度、服务空白范围等维度，为优化调整公交线网、新增开辟线路提供数据支撑和决策依据。

如图4-3所示为线网管理数字舱示意。

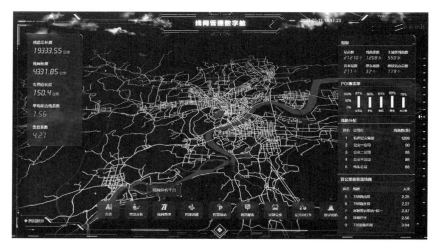

图4-3　线网管理数字舱示意

1.功能描述

（1）线网现状分析

对城市区域线网进行全方位的线网现状总体分析，包括基础指标（线网评价指标）、线网问题诊断、站点覆盖、客流OD、POI周边公交站点覆盖等。

（2）线路现状分析

线路现状分析模块支持从线路的多个维度进行线路现状、客流等内容的分析。

（3）站点分析

针对公交站点的线路、班次、客流集散、滞留情况、客流OD、串车情况等指标进行分析，辅助改善客流滞站、公交串车等情况。

（4）区域供需分析

公交数据结合互联网数据，分析区域线网布局与客流特征关系，快速找到区域出行服务盲点，辅助运力供需匹配。

（5）线路调整预测

创建线路方案，将线路不同版本的方案分类对比展示，对比原始方案和其他调整方案的静态动态指标（新增线路没有原始方案，有新增方案），包括线路长度、平均站距、非直线系数、早高峰平均运送速度、晚高峰平均运送速度、平峰平均运送速度、线路客流、影响线路条数、影响线路客流变化等，支持选择需要对比的方案。

（6）线网评价指标体系

分析、评估公交设施建设、公交服务质量、公交运营效益三大维度指标，辅助公交运营管理人员精准优化调整线网，为科学决策提供数据支撑。

（7）地铁站点分析

融合互联网数据资源，输出地铁站周边公交线路走向、公交线网服务范围、换乘便捷度等关键指标，为公交配套地铁接驳提供数据支撑。

2. 产品优势

对公交线网和线路现状及问题进行分析，通过互联网全量OD数据对城市区域居民出行特征进行分析，结合公交线网及公交OD分析线网供需及客流运力是否匹配，为公交线路优化、资源优化、服务优化提供数据支撑和决策依据，如对原有线路进行调整，如是否延长；是否进行站点设置；是否调整运营时间等。

对企业而言，能够缩减线网规划周期，降低规划成本，结合客流预测，对规划线路进行效果模拟和评价。对市民而言，减少了出行时间，提高了出行可达性。对政府而言，在优化公交线网结构、增强公交竞争力的同时，辅助解决城市拥堵问题；具备效果预测功能的线网优化方案，能有效减少因调整、开设线路而造成的客诉问题。

3. 应用价值

通过注入丰富的公共数据、有效补足公交既有数据后，线网分析平台得以全方位诊断线网问题，辅助进行线网优化调整，弥补传统模式下不易发现的公交空白点，进一步提高公交服务水平。更可实现潜客分析、线路调整预期效果等体现数据价值的优势功能。

第四节　智能调度

调度是公交营运的核心职能，公交数字化核心应用成果体现为云调度平台。基于数据汇聚、数据高速共享交换机制，云调度平台运用智能匀点算法，实现自动计划、科学调派，并针对特定异常调度事件实现一键式自动化处理，大幅度降低人力作业成本。云调度平台包含行车计划、人车调派、动态调度、终端管理四大模块，实现调度作业数字化、在线化、智能化、可视化和可控化。

如图4-4所示为智能调度数字舱示意。

图4-4 智能调度数字舱示意

1.功能描述

（1）地图监控

①GIS（Geographic Information Science，地理信息科学）基本功能：显示多层次的公交电子地图，以及公交线网、站点信息系统平台以实现GIS地图显示功能，根据公交业务将GIS地图多个图层进行组合显示，根据不同业务编制专题图，可在地图上显示基础道路、基础环境、公交车、公交线路、站点信息等。实现电子地图的通用功能系统可支持对GIS电子地图进行操作，包括放大、缩小、漫游、地图编辑、线路站点编辑、电子地图图层的自动加载、自动标注、地图测距（测量直线和曲线距离）、电子地图图层信息查询、地理信息查询、模糊查询、快速查询等。

②车辆GIS监控：实时监控是对全部营运车辆的运行情况进行全面、实时、直观监控。不同符号代表不同车辆状态。分组监控可设定按线路、车队、分公司、总公司等不同权限监控不同的车辆；同时，也可自定义分组进行车辆监控。

③轨迹回放：系统可选定过去某一时间段，并查询该时间段内指定车辆的历史轨迹数据，进行历史轨迹回放。为日后责任认定、服务投诉、越线行驶、超速及其他运营告警等行为进行追查提供参考数据。

④GSM（Global System for Mobile Communications，全球移动通信系统）语音通话及监听：调度人员可通过车载机与司机进行免提通话及监听。

⑤运营回放分析：结合电子地图、视频、音频、运营记录等各项数据进行统一综合性分析，并描绘出速度曲线、公里曲线，同时标注异常点，对异常点可远程进行音视频回放分析。

（2）视频监控

通过车载音视频摄录装置将车内、外监控信息实时摄录存储于车载存储设备中，可通过车载终端的报警装置实现数据主动上传（通过无线网络）或通过系统中的GPS车载终端中相关营运参数的设计自动激活数据上传（通过无线网络）。同时，监控中心也可根据需要利用无线网络对特定车辆进行音视频、图片上传或点播。当发生紧急事件时，可为现场指挥提供音视频及图片。另外，车载存储设备中存储的音视频数据能方便地通过相关设备下载。

①实时音视频监控：可以查看一台车的全部或部分摄像头的实时视频情况，也可以同时查看几台车的全部或部分摄像头的实时视频情况。

②字幕叠加：图像产生时间、车辆编号、司机等信息可叠加到画面上，并且可以实现多客户端多种方式实时图像浏览，支持在远程计算机、电视墙上实时调看。

③监控视频分发：视频转发服务器具有采集并转发前端车载主机实时视频流的流媒体能力，可以将一路视频流同时转发给多个用户终端，并保证主机每个通道同时最多只有一路视频流向中心传输。

④图像存储和备份：可以实现车载机前端存储、中心存储、客户端存储等多种存储方式。视频服务器可以按照指定要求对前端车载机视频进行实时采集并存储，支持计划录像，可按时间段或全天录像，或按周和日期进行有规律的录像排程，并支持循环录像、自动删除过期录像等功能。

⑤历史图像的检索和回放：可以为用户提供录像回放点播功能的流媒体服务，并支持快进、快退、暂停等常用操作功能。

⑥IP语音通话及监听调度人员：可实时与驾驶员实现IP语音通话及监听。

（3）电子围栏

对不同车辆可设定不同的围栏，对进出围栏的车辆进行告警或提醒。同时可实现事件联动，实现进出围栏时触发事件，如视频切换、图像抓拍、声音提醒、颜色变化、符号闪动、短信通知等。

（4）运营告警

在车辆的运营过程中，系统自动完整记录车辆发生超速、站点超时停车、越线行驶、甩站、运行大间隔等行驶信息。同时车载机具有车辆报警紧急自动提示功能，可使车辆在出现问题时能及时得到解决，如超速、越线行驶报警、甩站报警、停站超时报警。

①告警联动：可以设置多个报警事件联动，当报警产生时，根据报警种类的不同和预先设定的联动机制，触发各种事件，如视频切换、图像抓拍、声音提醒、颜色变化、符号闪动、短信通知管理人员等。

②告警类型。

a.超速报警：对路段进行限速规定，当车速超出该路段给定范围，车载终端将自动报警提示驾驶员纠正。

b.滞站报警：车辆的停站时间超出要求的，车载终端将自动报警提示驾驶员及时纠正，对提示后仍长时间滞站的系统做好记录。同时生成站点发车时刻表，对单个站点的车辆进站、驶出、滞留时间进行记录。

c.越线行驶报警：当车辆偏离所设定的运营线路时，提示偏离线路报警并通知调度员和驾驶员。

d.大车距报警：当线路大于计划车距3倍以上没有车辆时为大车距报警，提示调度员并记录。

e.异常开关门报警：车未到站时开门、车未停稳时开门、车离站时未关门提示报警。

f.发车不正点报警：车辆没有按照预先的发车时间发车时报警。

g.运行不正点报警：车辆运行途中出现时快时慢时报警。

h.到达不正点报警：车辆全程运行不正点时报警。

i.紧急刹车及加速报警：线路大间隔报警。

（5）运营排班

如图4-5所示为运营排班图。

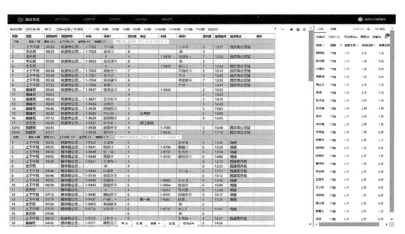

图4-5 运营排班图

根据行车计划，各公司调度员进行线路车辆、人员配置——对应安排（车组关系）。班次安排根据运行计划对车组关系进行安排，每天根据总体计划、人员和车辆动态生成实际班次。在司乘人员正常情况下，系统根据规则要求（班次调整规则）自动进行班次安排，对特殊班次和班型要能够进行调整，如每天的部分调整、每天的早晚班变更等，供调度临时调整或特殊情况安排，达到加车、调整班次的目的。

（6）考勤管理

①司机考勤：通过IC卡刷卡机或者内置的IC卡刷卡模块，实现司机远程考勤管理，对出现考勤异常的人员实时提醒调度员及短信提醒管理人员。

②调度员考勤：对调度人员登录及退出监控调度系统进行记录及管理，实现对调度人员的考勤管理，当出现考勤异常时实时提醒上级管理人员。

（7）运营概况

①线路概况图：实时显示各条线路的运营概况，如准点率、实时行驶公里、实时行驶车次、异常告警记录、空驶公里、出车率等各项运营指标，以便管理人员能一目了然地了解各条线路的运行情况。当线路出现异常时，系统自动告警并提示管理人员。

②分公司概况图：实时显示各分公司的运营概况，如准点率、实时行驶公里、实时行驶车次、异常告警记录、空驶公里、出车率等各项运营指标，以便管理人员能一目了然地了解各分公司的运行情况。

（8）运营调度

①调度模式。

a.匹配运营时间表：根据总站车辆，自动匹配运营时间表，保证尽量按线路运营时间表进行发车。

b.匹配车辆发车计划：自动根据预先排好的运行时间表及排班计划，完全匹配运行时间表及排班车辆进行发车。

c.固定停车时间：车辆到达总站后按固定时间停车后发车。

d.自动调整发车间隔：根据线路当前的运行情况，自动计算车辆的周转时间，并根据某一时间段内总站的预计车辆进行计划调整，自动生成实时的发车计划并发车。

②线路调度图：通过线路调度图，直观地显示出在线车辆、当前运营车辆以及首末班停站车辆，通过操作可以在调度图上选取车辆并显示此时车辆的

动态运行状态、速度、方向、车牌号码等行驶信息，并显示调度员对车辆下达的调度命令内容。在线路调度图上，可以对选定的任意线路进行组合，在同一个界面上调度多条线路。

③短信调度：通过发送调度短信对车辆进行指挥调度。

（9）综合调度

①包车调度：实现对包车的管理，对参与包车的车辆进行单独监控并调度，对车辆的行驶轨迹、GPS公里等与包车计划进行匹配并考核。

②班车调度：实现对班车的管理，对参与班车运营的车辆进行单独监控并调度，对车辆的行驶轨迹、GPS公里等与班车计划进行匹配并考核。

③应急调度：根据不同的用途可设定不同的应急车辆组合，实现对不同用途的车辆做不同的调度管理。

（10）综合统计分析与报表

系统对车辆运营数据进行实时的记录与存储，通过后台的数据处理，能自动对车辆运营的各种状态数据进行统计分析，记录车辆出场信息、发车信息、GPS里程信息、人员考勤信息、违规信息等，按照不同的维度组合生成相应的报表。报表主要有电子路单、调度日志、线路运营日志、运营生产情况日报、旬报、月报表，各项指标完成情况等；以及单车报表、个人考勤报表、个人营运报表、线路日报、线路趟次月报、营运生产情况汇总表等。

（11）远程管理

①参数设置：可远程设置车载机参数，如上传GPS周期、线路编号等。

②终端升级：可远程升级车载机程序。

③录像提取：可远程提取车载机存储的录像数据。

④报站文件更新：可远程更新车载机报站文件。

（12）系统管理

①权限管理：可根据不同的用户设置不同的权限。

②基础数据：对人员、车辆、站点、参数字典等基础信息进行管理。

③地图编辑：对线路站点、走向等用户图层进行自主编辑并发布。

④系统设置：设置系统的各项参数，如端口号、IP地址等。

⑤系统监测：自动监测系统运行状态，当出现异常时实时提醒管理人员。

⑥自动升级：可对客户端系统进行自动升级管理。

2.产品优势

智能调度优势如图4-6所示。

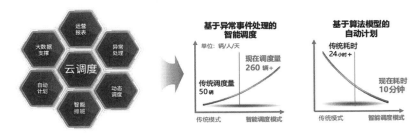

图4-6 智能调度优势体现

（1）软硬分离

当前公交使用的调度系统多为调度系统软件与车载设备等硬件绑定，存在系统更新换代难、成本高、功能相对单一等问题。通过对现状车载设备的调查，在充分征求多方意见的基础上，云调度平台采用软硬分离战略，开发嵌入式App，构建通信开放的公交调度系统。同时，也以试验性质开发投入新型智能云调度终端设备，采用Android操作系统，10.1寸多点式触摸屏，具备开放性、美观大气、可个性化定制等特点，集公交调度、视频监控、信息交换与外设管理四大核心业务为一体，具有自动报站、车辆调度、实时语音通话、车辆状态采集与上传、地图导航等功能。通过两个通信协议（交通部808通信协议与主流厂家通信协议）和车载终端业务标准化（终端报站、违规业务标准化标准），也基本支持现有公交在用调度车载设备，通过接口对接即可实现基本的调度功能。

（2）自动计划

运营调度的重点是行车作业计划的精准性。传统公交行车作业计划的编制依赖于计划调度员的经验、能力和责任心，对编写人的专业性要求极高。编写行车作业计划又是一项流程复杂、规则繁多、循环计算的运筹优化过程，需要花费大量的时间和精力。编制行车作业计划不仅要考虑客流、道路通行状况、车辆和劳动力配置以及运营策略情况，还要考虑劳动力工时、车日里程、发车间隔、交接班、停车条件等穷举的可能性因素。通过大数据技术，对线路不同日期、不同方向、不同时段、不同天气上下车客流和单程时间的统计建模，结合线路配车数、人员数等条件，充分考虑和梳理线路运营过程中的流程、规则和习惯等，将行车作业计划编写思路抽象为算法逻辑，通过分治法、模拟法、约束参数法等方法自动生成行车作业计划。自动计划能够降低计划编制门槛，减少试错成本，提升计划编制效率，将计划编制时间由3个小时以上减少为10分钟以内，并保障司机工时、车班里程、停站时间、交接班等优化目标，有效提升计划质量和人车资源利用率。

（3）智能排班

智能排班是将行车作业计划转化为对车辆、人员的安排，基于车辆信息、人员信息等基础数据，安排车辆保养、修理、年检等；通过包乘组、定车定人和定班定休等方式，自动轮班生成灵活的每日排班和人员休息，支持灵活的轮班、翻班规则，如单、双班轮班及组间轮班等；根据行车作业计划确定的班型，确定报到时间、出场时间和出场方向；根据临时任务和具体要求，安排包车、机动、公务、病假、事假等。同时，具有人工调整的功能，可以调整班型和人员、车辆的使用等。智能排班还能实现便捷的人车管理，如对司机工作天数、休息天数、司机请假、车辆保养、包车任务等的管理。根据需求自动生成排班报表，与线路调度、安全管理、人力资源、财务统计等管理系统数据共享，并向线路服务人员推送调派安排信息。

（4）动态调度

线路运营受人、车、路、客流等不确定因素影响，实时调度的任务是及时处理线路运营过程中出现的各种异常情况，保障线路正常、有序运营和完成计划确定的目标。通过云和大数据技术，及时采集线路运营中的数据，进行归集、分析出现的异常事件，通过既定的规则和最优的方法进行处理，确保完成运营任务。正常情况下，系统根据行车作业计划规定的时间和间隔自动发放班次，同时设置了高精度的电子围栏，通过采集车辆北斗/GPS定位信息和车载机到离站上报定位信息，有效提高车辆位置的准确性和到离站报站精度。遇车辆故障、行车事故、人员缺勤、道路拥堵、客流突变等原因造成需要调整班次发车时间或间隔时，系统能自动处理异常事件，利用自动匀点功能平滑均匀调整发车间隔，动态调度车辆运营，有效减少调度人员70%以上的操作量。通过动态调度有效减少线路调度对调度员经验的依赖，降低调度员培养成本，减少调度差错率，避免人情车；平滑均匀调整发车间隔，人均调度能力由80辆车左右提升至250辆车左右，并提高计划执行率，减少乘客候车时间，平衡车厢满载率，提升发车准点率。

3.应用价值

依托客流模型、运力模型、路况模型，辅以电子围栏、云调度平台，为车辆运营状态提供精准的监控及预测，实现数据价值最大化。针对传统以经验为主的调度模式，云调度平台提供更加科学合理的计划编排、配车排班及实时调度方案，在大幅降低人工投入的前提下，更有效提升乘客满意度和公交运营效率。同时，对缓解城市交通压力、减少拥堵也具有直接意义。

第五节　智慧场站

智慧场站赋能公交停车场具备数智化、规范化、集约化管理，加强对人、车、场三要素有序及高效的监控管理，将有限资源利用升华。公交智慧停车场管理系统整合传统车场在"人、车、场"方面的业务流程，实现对公交调派、调度、报到、安检、预警、进出场、监控、泊位、巡更等营运过程中的环节监控，形成全过程闭环式信息化管理。采用自助岗前服务终端，提供计划报到、人脸签到、酒温码检测、岗前学习、数字排班、泊位信息等功能，通过司机自助签到完成岗前签到，运用数智算法监控驾驶员排班人车一致、计划发车、联动道闸出场；通过信息化建设，对车辆回场、安检、洗车、泊位全流程进行监控；场区实现数字巡更以确保内部安全；利用信息化手段完成数据采集、反馈和展示，实现业务部门、安全保卫科、客运科、信息科对数据的监控和管理，达到对各业务环节以科学、有序、规范的管理，实现数智公交为营运安全保驾护航。

1.功能描述

（1）人员管理

①门禁系统：实现人员快速进出，支持人脸识别和IC卡识别，实时记录进出人员信息，可查询具体时间、姓名、场地、进出口通道；

②访客管理：对访客人员进行登记，支持身份证、驾驶证验证身份，对访客人脸采集，下发到门禁道闸系统，访客有效时间为当日；可查看访客姓名、拜访人员、预约时间、实际来访时间、访客电话、来访状态和证件号；

③司机报道：支持司机岗前报到、岗前教育、酒精检测、体温检测、健

康码查验，检出异常时支持预警推送和终端报警；对提早报到的司机提醒并告知允许报到时间；可支持各个场站的允许签到时间配置和允许迟到时间配置，支持查看每日排班司机的姓名、线路、班别、班型、工号、车队、自编号、报到场地、营运类型、实际报到时间、计划报到时间、报到状态、报到时差、实际车上签到时间、计划出场时间、车上签到状态和健康码状态（图4-7）。

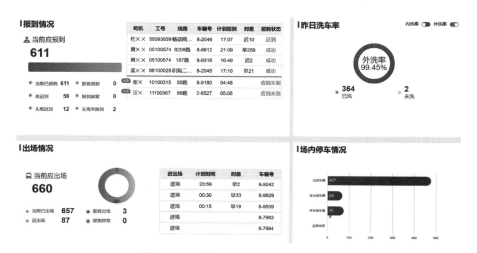

图4-7　公交智慧停车场管理系统示意

（2）车辆管理

①车辆进出场安检：车辆出场道闸无法自动抬杆时，通过手持POS机对司机卡进行读取，可了解司机的岗前签到状态、车上签到状态、计划出发场地、计划车辆，并将异常数据记录；

②车辆进出场管理：统计营运车辆迟出场、未出场、签到异常、未排班出场数据，实时记录出场信息的司机、车辆、线路、工号、车队、营运类型、车上签到时间、实际出场时间、计划出场时间、岗前报到状态、车上签到状态；统计营运车辆未排班进场、应回未回数据，实时记录进场信息的司机、工号、车辆、线路、营运类型、计划进场时间、实际进场时间；

③场内车辆管理：统计及查询计划停车数量、实时停车数量（目前本停车场内停放车辆数）、未回场数量（营运中暂未回场）、停其他场数量（停放在非计划停车场）、非本场（计划停放在其他停车场的车辆进入本场）；

④泊位管理：通过定位基站终端读取车身事先安装好的无源信标，对停入泊位后的车辆实现位置绑定，最终在泊位管理页面展示；统计本停车场总共车位数、空余车位数、本场车辆已被录入、本场车辆进场但未被录入、非本场车辆

被录入和未录入数据，可查看车辆、泊位区域、车位号、录入模式、更新时间；

⑤洗车管理：通过洗车出口处安装的AI设备识别车辆牌照，实时记录车辆洗车数据并统计；统计每日系统数据，可查看车辆、洗车状态、计划回场时间、洗车时间、场地。

（3）场区管理

①数字巡更：支持配置巡更点位、将点位组成巡更线路、对线路配置巡更计划，自由配置圈数对点位间隔时间可配置；可查看巡更场地、巡更计划、巡更线路、巡更人员、实际开始时间、计划开始时间、实际结束时间、计划结束时间和是否符合计划，详细记录可查看各个点位的完成情况，早到、晚到、未到、异常数据；

②安全巡查：记录各个安防设施的点位名称，包含设备、巡检结果、巡检人员、计划时间、实际巡检时间、巡检状态等是否与计划保持一致；

③报表统计：支持司机报到、车辆进出场、车辆泊位、车辆洗车、数字巡更、安全巡查等业务模块的数据导出，便于相关管理人员的统计及分析。

（4）预警管理

①数字巡更：记录对检出酒精异常、体温异常、健康码异常的司机的姓名、工号车队、车辆、实际报到时间、场地、复核状态、管理员、复核值、情况说明；酒精、体温异常的司机支持二次复核操作完成确认，是否存在饮食导致酒精异常或剧烈运动导致的体温异常；

②出场预警：对出场时岗前未签到、车上未签到、人车不一致、车辆未排班及报到预警的信息，通过终端、短信、平台实时预警并在出口处公告显示；

③统计短信：此短信功能有5个选项，即岗前异常发送、当日出场统计发送、昨日出场统计发送、昨日停放统计方式和昨日洗车统计发送。

2.产品优势

（1）事前预防、计划执行、提升安全

以安全为宗旨预防驾驶员状态不佳驾驶车辆，系统对排班司机进行自助签到、酒精、体温、健康码检测，运用数字算法验证人车排班，规避异常及替班问题，提升营运规范及安全。

（2）提升回场有序，保障场区安全

系统结合业务流程优化车辆回场规范有序，从进场、安检、洗车、泊位全环节自动化运行、智能化管理，场区内部数字巡更保障内部安全，提高安全管理效率。

3.应用价值

系统以加强"人、车、场"管理为首要，通过智能化终端结合独有算法，提升驾车营运安全，降低事故发生。车辆规范管理数据实时跟踪，实现：事前预防提醒；事中系统检测；事后有据可查；达到场区作业监管闭环，辅助监管人员高效管理，保障车辆出行安全。

第六节　数字安防

围绕违章事故、生理、驾驶习惯、教育培训、管理标签、行为习惯等各个维度进行数字化建模，打造司机画像系统，通过深度挖掘司机风险源数据，整合动态风险与静态风险形成双重预防体系，实现风险辨识、风险评价、风险分级、风险管控的闭环管理。凝聚司机驾驶习惯核心AI算法，实车预警准确率100%，实时预警分级提醒。打造司机移动端学习管理系统，重新定义司机安全教育体系，以公交安全教育小程序为载体，通过视频、文章、答题、竞赛等措施，化被动为主动、化片面为全面、化纸质化为数字化，持续提升司机安全行车意识。

如图4-8所示为行车预警管理平台。

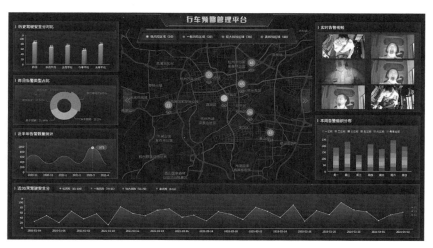

图4-8　行车预警管理平台

1.功能描述

（1）安全中心

安全中心包括司机管控、乘客分析、路段预警、车辆管理、分段限速、违章管理、事故管理七大功能。主动安全车载终端在行车过程中遇到司机异常驾驶事件时，通过声光主动提醒司机规范驾驶。同步实时上传司机异常图片、视频到系统后台，通过短信、弹窗主动预警危险，提示安全员介入。同时根据数据形成报表，让记录有据可查。

（2）安全例会

针对需要进行安全教育的司机，通过系统快速筛选出对应司机信息，添加至参加会议名单中，进行会议学习，并形成相应的司机学习记录、会议信息内容记录。

（3）智汇笃行

加强司机安全意识，以移动端为入口，让司机每天学习安全。通过后台管理发布安全学习内容。包含内容管理、频道管理、公交新闻、法律园地、操作要领、事故案例、视频管理、统计分析、类目管理、题库管理、奖励管理、论坛管理。

（4）司机画像

司机画像从违章事故、生理、驾驶习惯、教育培训、管理标签、行为习惯六项维度数字化建模，深挖司机风险源数据，整合动态风险与静态风险，打造公交安全云脑，实现风险辨识、风险评价、风险分级、风险管控的闭环管理，对安全风险量化管理和风险智能预判预警。

（5）双重预防

双重预防子系统是对整个行车安全平台的行车、人员、车辆、场站四个维度进行风险分值计算、工作流结果管控、处理措施效果评判的子系统。其包含风险系统、预警系统、报告系统、措施库四大功能。

2.产品优势

（1）技防重大突破

以技防代替人防的安全管理提升在公交行业深入开展，系统对司机抽烟、接打电话、疲劳分神等危险驾驶行为识别准确率达100%，并独创单双手脱把驾驶的识别功能，不规范的驾驶行为触发分级报警时，可以多渠道及时提醒管理员进行干预，在隐患消除后，系统同步闭环。

（2）体制机制创新

司机违章、事故、驾驶习惯、教育培训、生理、管理标签、行为习惯七项指标接入系统分类管理，针对事故违章开展原点受教，发布智汇笃行小程序安全学习隐患消除后系统同步闭环，同时信息录入司机安全画像，为后续排班调度提供安全参考指标，并纳入司机绩效考核，通过系统纠正司机不良驾驶行为。完成安全云脑打造，联动智慧调度系统，优化营运安全，最大程度减少安全隐患。

3. 应用价值

系统以物联网主动安全车载终端为基础，汇聚多元化司机安全数据，打造千人千面司机画像系统，利用大数据云计算实现事前预防、事中预警、事后分析。全面提升公交数字的安全水平。

第七节　指数评价

在指数评价领域，公交数字化核心应用成果体现为运营分析平台。通过比对线路、车辆、人员等运营数据和指标完成情况，来分析车辆管理情况、人员管理情况、调度管理情况、计划管理情况、安全管理情况等，对异常事件、异常指标进行警示。同时，通过指标对比和综合评分，分析车队、公司运营综合管理能力。

如图4-9所示为运营分析平台。

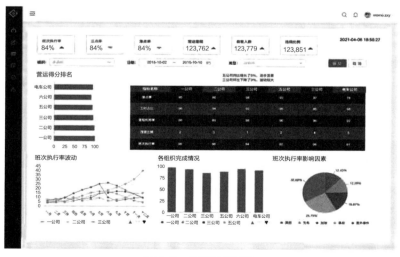

图4-9　运营分析平台

1.功能描述

（1）提供行车计划评价

主要对工时、单程时间、发车间隔等合理性进行评价，如图4-10所示。

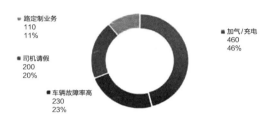

图4-10　行车计划评价

（2）运营指标展示

按时间、组织维度展示班次完成率、营运工时占比、里程利用率、超速等指标进行展示，如图4-11所示。

图4-11　运营指标展示

（3）异常指标报警

当指标低于标准值时进行报警提醒，如图4-12所示。

（4）营运改善建议

自动分析指标异常原因，如班次完成率低是由于单程时间不合理、调度措施不合理或其他原因，可针对异常原因做出改善，如图4-13所示。

2.产品优势

（1）多指标多维度，展示运营现状

根据公交日常的运营需求整理提炼出营运概况、服务质量、运营效率与安全运行四大类的各项综合指标，并根据组织与时间进行横向纵向对比，可全面

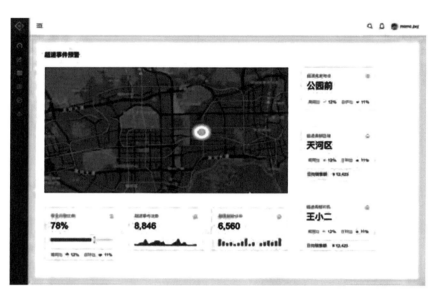

图4-12 异常指标报警

图4-13 营运改善建议

查看公交运营的整体与细节现状。以超速事件为例，根据超速的地点、时间、频率、司机做出指标具体的数据情况与排行，形象直观地找出问题所在。

（2）指标综合评分，提升管理效率

运营分析通过对公交调度和营运积累的数据提炼出指标库，对不同指标设置比重后产生综合的营运得分，不仅可随意选择感兴趣的指标作为评分标准，同时可以设置不同指标的权重和评判标准，便于不同层级的组织根据自身需求选择配置。各组织可根据分析的场景与分析目的不同来查看各种评分体系中的得分对比，更能快速定位问题，总结规律并提升管理效果。

（3）智能决策建议，降低管理成本

根据调度营运历史数据，结合客流分析，学习得出各种场景与异常指标情况及应对措施，总结常用且有效的处理方案，提供给营运使用者作为决策建议。这样的结论不仅有迹可循，而且能够有效节约分析总结需耗费的人力与资源，缩短决策周期，提升决策准确度。

3.应用价值

公交的服务涉及因素错综复杂，为提高服务水平，不仅需要大数据沉淀，也需要建立客观有效的数字化评价体系。运营分析平台通过各维度指标的实时监控与预警、分析与建议，能够综合有效地判断公交服务阶段状况，有助于提高公交服务水平，提升乘客体验。

第八节　机务在线

机务是公交企业生产营运的物质技术基础，也是公交企业生产性固定资产的重要组成部分。机务管理的好坏，直接影响公交的营运效率和经济效益。在该领域，公交数字化核心应用成果体现为机务管理平台，通过机务管理平台，能够对车辆零部件进行监控，并将数据展示到用户端，后台做到车辆零部件参数实时监控和历史故障追溯，准确判断车辆故障点。同时还包括车辆健康体检、历史数据回放、电池衰减分析等功能。

1.功能描述

（1）基础数据

a.车辆管理。

提供真正的车辆生命周期，从车辆购入、调动、报废，包括在营运过程中营运里程、保养、维修、事故情况，装车总成件使用情况，全部纳入到生命周期中；并对车辆的考核标准进行设置。

b.轮胎管理。

提供轮胎基础信息，如轮胎使用变动记录、轮胎翻新情况、轮胎报废等轮胎生命周期管理。

c.电瓶管理。

提供电瓶基础信息，如电瓶随车使用情况、电瓶报废等电瓶生命周期管理。

d.发动机管理。

提供发动机基础信息，如发动机随车使用情况、发动机大修情况、发动机报废等发动机生命周期管理。

e.其他设置。

提供维修科目的目录信息管理；维修车间与班组的设定功能，所包含的维修人员；维修班组休息日设定。

（2）车辆保养管理

设定车辆各级保养的间隔条件、保养制定的保养科目与材料。

根据车辆实际运行里程，结合各级保养条件进行综合测算车辆保养计划，同时进行保养计划的指派以及计划的审核。

（3）车辆维修管理

a.发动机大修。

管理发动机大修申请的填报与审核。

b.站修管理。

管理场站维修的用料、派工情况。

c.外修管理。

登记外修费用。

d.周转件维修。

管理维修过程中使用的周转件的维修与状态。

e.维修管理。

使用工作流驱动，实现报修、检验、维修、派工、领料、竣工、验收的全过程管理。

实现车辆报修、检修信息登记、领料单的编制以及技术人员派工等管理。实现维修记录管理，包括维修人员工时、所用材料、退掉材料等信息；实现总成替换记录，总成包括发动机、轮胎和电瓶；实现周转件的替换；实现配件的单件跟踪管理。

通过CAN总线获取油耗数据和车辆工况数据，与维修系统结合，提供车辆、发动机燃油、故障、维修、保养情况生命周期管理和车辆运行情况分析报告。

通过CAN总线获得车辆工况信息，实时监控车辆的各种工况，包括连续量、报警量、开关量，能够全面掌握车辆的运行情况。

通过CAN总线获得车辆工况信息，实现故障预警管理，通过远程诊断，提前知晓车辆运行故障，并及时、高效解决车辆可能存在的故障，保障车辆良性运行，降低维修成本延长车辆工作寿命，从而使车辆更持久耐用。

（4）车辆年审保险

a.车辆年审。

根据车辆技术等级和年检周期生成年检计划表，提醒管理员到期需要年检车辆，管理年检车辆记录。

b.车辆保险。

提供车辆保险记录登记，提醒管理员到期需要再投保的车辆。

（5）燃料消耗管理

根据公交车辆的加油记录、油量监测记录，对车辆的燃料消耗信息进行管理、统计分析，并进行节能减排效果测算。

a.标准设置。

对车辆油料计划和标准使用进行合理化设置，对车辆加油进行控制，能够统计油料使用成本，使油料的使用更系统化、更清晰。

b.油耗数据采集。

对于不支持CAN总线接入的车辆，提供人工录入、批量导入等方式，进行车辆燃料消耗记录填报。

对于支持CAN总线接入的车辆，通过CAN总线获得车辆的真实油耗数据。

c.司机行为监控与评价。

监控司机在营运中产生的各种违规高油耗行为并进行实时记录，用于检验和纠正司机的操作行为，培养司机驾驶节油习惯，从而实现油耗降低。

实现司机驾驶行为评价，通过CAN总线获得的司机的驾驶行为信息，结合规定的考核管理规范标准，对司机驾驶行为进行评分考核，通过分公司、司机的横向对比提升司机的驾驶水平，降低车辆油耗，提高驾驶安全，减少事故。

d.查询、统计分析。

在车辆燃料消耗数据库的基础上，进行各种方式的油耗情况明细查询、综合查询，并进行各类统计汇总分析，以标准报表格式进行展现和输出。

根据车型设定的标准定额，实行全天候油料记录与监控，当油耗发生异常时，显示异常事件段油耗数据与车辆工况，帮助机务部门进行原因分析，防止人为作弊行为。

分类进行线路、车型的油耗统计。进行相同车型的不同线路油耗分析，相同车型相同线路不同时段，高峰时间、非高峰时段的油耗统计。为机务部门进行车辆、发动机选型、线路车型调配提供油料成本参考。

对于支持CAN总线接入的车辆，通过CAN总线获得车辆的真实油耗数据，与标准定额、分摊油耗进行日、月、期间的对比。通过对比和跟踪，确定车型、线路的最优，最接近真实的标准定额，进行定额调整。

e.趋势、对比分析。

基于燃料消耗数据库，以分公司、线路、车辆等为单元，以周、月、季度、年为时间纬度，进行燃料消耗情况的趋势变化和对比分析。

f.节能减排测算。

基于燃料消耗数据库，对车辆类型之间、线路运营模式之间的燃料消耗情况进行统计对比分析，设计测算和分析模型，对技术和管理方式改进带来的节能减排效果进行计算和评价。

（6）统计分析

a.车辆核算。

提供单车成本核算功能，能够按月计算车辆营运里程、维修费用、运营油耗，并根据车辆消耗标准计算车辆成本。同时提供车辆类型成本核算功能。

b.统计分析。

• 车辆分析：通过车辆生命周期统计、对比车型与单车数据，供机务部门横向分析对比车型与单车使用情况。

• 总成件分析：通过对轮胎、发动机、电瓶的使用数据分析，对比跟踪轮胎、发动机和电瓶的使用情况，更合理地采购、使用轮胎、电瓶，以降低轮胎、电瓶费用，提升发动机使用寿命。

• 维修保养数据统计：通过维修能够分析维修人员的工作效率与维修科目的分布，并且能够从维修部分反映出物料质量异常信息。

2.应用价值

"人民公交人民建，人民公交为人民"。机务在线既是公交企业内部对于提高营运效率、扩大经济效益的必然需求，也是社会公众外部对于防患于未然、保障司乘安全等公共利益的基础。对公交机务进行全体系、全周期的数字化管理，意义重大。

第九节　数控资产

资产管理平台以企业固定资产管理为中心，以资产全生命周期管理为理念，对资产从购置到入库、领用、转移、调拨、维修、借用、报废等各状态进行管理，资产管理平台采用条形码/二维码技术进行实物资产和数字资产的映射，从而通过线上/线下结合的管理方式实现企业固定资产的管理，管理人员可通过移动端设备扫描条形码/二维码的方式对资产进行定期盘点，从而实现无纸化办公，提高人员工作效率，并且能够对资产进行实时监控、异常预警、实时盘点、流程审核，提高管理的严谨度和准确性。系统还能够贴合业务需求将业务数据进行融合分析比对，形成数据报表，借助图形化的手段，将基础数据赋予更高层次的意义，帮助各级用户从业务数据中提取知识、从知识中收获价值，真正做到流程全面化、数据可视化、效率最优化。

如图4-14所示为杭州公交集团资产管理平台。

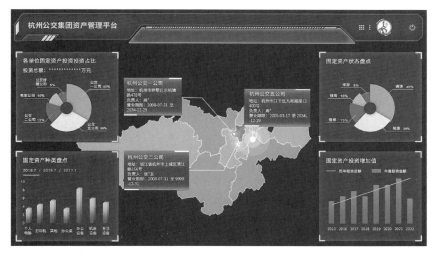

图4-14　杭州公交集团资产管理平台

1.功能描述

（1）资产生命周期管理

资产管理平台能够对资产从购置到入库、领用、转移、调拨、维修、借用、报废等各状态进行管理。

（2）资产盘点

资产管理平台能够为系统上维护的任何设备生成条形码/二维码，管理人员可通过移动端设备采用扫描条形码/二维码的形式对资产进行定期的盘点。

（3）资产可视化

通过各种常见的图表形象（如速度表、音量柱、预警雷达、雷达球）展示资产管理关键指标，直观地监测资产实时情况，清晰有效传达要表达的信息，使受众能更容易理解大数据的分析结果并获取所需信息。

2. 产品优势

资产管理系统以二维码/条形码打通现实资产和数据资源的形式，实现用户扫码管理，代替传统纸质的资产管理模式，使得管理方式更加高效，台账信息更易保存，数据准确性不易篡改。

3. 应用价值

资产管理系统通过资产数字化、业务电子化、数据可视化，实现资产的"一字一挡"全方位管理，创新打造"资产一本账、管理一条线、数据一张图"的数字化管理模式，帮助企业盘清家底，实时洞察经营动态，促进效益稳健提升，杜绝资产无故流失。

第十节　数据统计

计划统计综合管理系统平台（图4-15）是重要的核心信息化基础平台，主要由计划统计系统、车辆保养计划编排系统、查询分析系统、台账系统、点钞收银系统等不同的系统组成。

1. 功能描述

整个系统的软件架构（图4-16）采用三层C/S模式，采用分布式数据库服务器部署，既满足集团对数据集中的要求，也满足分公司业务客户端对服务器网络的最小需求。客户端、中间业务服务器和数据服务器的三层架构有利于系统的扩展部署。

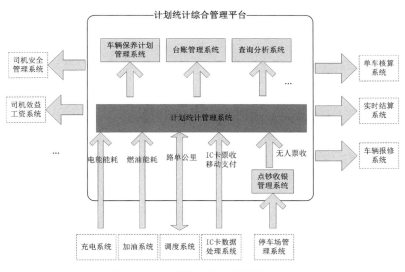

图4-15　计划统计综合管理系统平台

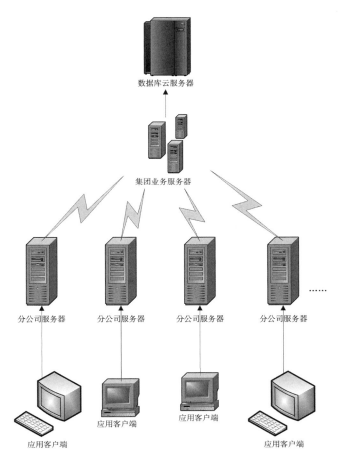

图4-16　系统体系架构示意

（1）计划统计系统

计划统计系统的主要功能包括：

①营运分公司线路、车辆、车型、人员等基础信息的管理；

②营运分公司公里、人次票收、能耗等生产指标数据的采集；

③营运分公司数据处理和数据上传；

④营运分公司统计报表生成；

⑤集团分摊、计划等数据处理；

⑥集团统计报表生成等。

图4-17　计划统计管理系统

计划统计系统的主要功能菜单（图4-17）有以下九个：

①票收管理：无人票收、IC卡票收、有人票收。

②数据维护：单位管理、人员管理、车型管理、车辆管理。

③查询统计：查询统计、报表导出。

④能源管理：油耗计划、油耗管理、电能管理。

⑤数据操作：数据导入、数据汇总。

⑥集团公司管理。

⑦路单管理：路单管理、计划管理、每日故障。

⑧系统管理：权限管理、字典管理、系统日志、性能优化。

⑨数据上传。

（2）车辆保养计划编排系统

车辆保养计划编排系统的主要功能包括：

①保养类型、保养地点、车辆信息等基础信息维护；

②车辆一保、二保等保养计划的编排；

③保养计划数据上传；

④保养报表生成；

⑤保养计划执行；

⑥保养计划迁移；

⑦保养计划历史数据、车辆公里历史数据查询；

⑧在用车辆综合档案和已报废车辆综合档案查询等。

图4-18　车辆保养计划编排系统

车辆保养计划编排系统的主要功能菜单有以下七个（图4-18）：

①基础信息维护：保养地点、保养类型、保养间隔里程、保养地点休息日、车辆信息维护、车辆公里明细、车辆历史保养记录；

②保养计划编排：一级维护保养计划、二级维护保养计划、其他保养年度计划、其他保养月度计划；

③保养计划调整：未执行保养计划调整；

④保养计划执行：保养计划执行、数据上传；

⑤年检与报废：安检年检、车辆报废；

⑥数据查询：未执行保养计划、已执行保养计划、车辆档案、车辆综合查询；

⑦统计报表。

（3）统计查询分析系统

统计查询分析系统（图4-19、图4-20）主要功能包括：

①数据上传、数据项、线路特性设置等系统管理；

②分线公里、票收人次等指标和效率指标数据分析；

③分车型能耗数据分析；

④分车公里、票收人次、能耗等数据分析；

⑤分公司三大指标数据分析等。

图4-19　统计查询分析系统（集团版）

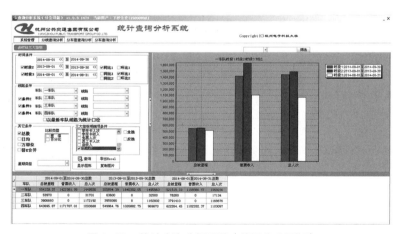

图4-20　统计查询分析系统（营运分公司版）

统计查询分析系统主要功能菜单有以下四个方面。

①系统管理：数据项维护、线路信息查询、线路特性管理、数据上传记录查询、天气温度信息查询、线路历史数据迁入、修改密码、退出系统；

②分线查询分析：票收人次比例分析、多时段对比分析（三大指标、效率指标）、线路周期对比分析（三大指标、效率指标）、线路数据综合查询；

③分车型查询分析：车型消耗对比分析、线路车型对比消耗分析、车型全年消耗百公里实绩、车型消耗数据查询；

④分车查询分析：多时段对比分析和周期对比分析。

（4）台账管理系统

台账管理系统的主要功能包括（图4-21）：

①营运分公司数据采集导入；

②集团数据采集导入；

③营运分公司台账报表生成；

④集团台账报表生成。

图4-21　台账管理系统

台账管理系统的主要功能菜单有以下三点内容：

①基础管理：密码修改；

②数据导入：营运公司台账数据的导入、集团公司台账数据的导入；

③查询统计：台账数据的查询统计、报表导出、报表预览和直接打印。

（5）点钞收银管理系统

点钞收银管理系统的主要功能包括（图4-22）：

① 线路、车辆、人员、权限等基础信息管理；

②点钞、收银数据管理；

③点钞收银报表生成。

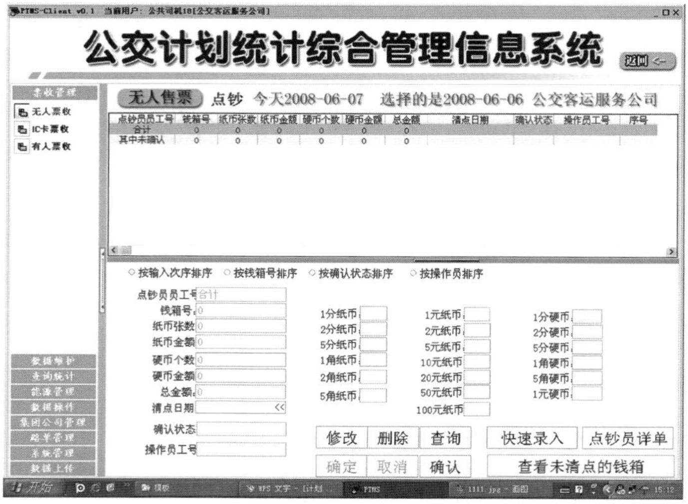

图4-22　点钞收银管理系统

点钞收银管理系统的主要功能菜单有以下三个：

①数据维护：单位管理、人员管理、车型管理和车辆管理；

②票收管理：点钞、收银、数据导出和停车场数据对接；

③系统管理：权限管理、字典管理、系统日志和性能优化。

2.产品优势

（1）完备的数据采集来源：为生产指标数据（如公里、票收人次、能耗等）提供采集处理接口，完备各类指标数据的收集。

（2）规范的数据处理方法：对采集到的生产指标数据进行统一的数据处理方法，规范各报表数据的计算方法和统计口径。

（3）统一的数据计算与统计口径：为企业提供统一、标准的数据计算与统计口径。

（4）强大的数据支撑能力：为企业单车核算系统、实时结算系统、司机安全管理系统、司机效益工资系统、车辆报修系统等提供数据支撑，为管理层科学决策提供数据支持。

3.应用价值

（1）提升信息化

改变了营运分公司原来以DOS系统和手工操作为主的工作方式，解决了多年来各营运分公司和集团营运数据采集、处理和分析等问题。

（2）重塑机制

本系统平台在建设之前，各分公司的信息化水平总体不高，且差异性大。通过计划统计综合管理系统平台，重塑集团和分公司的统一机制。

（3）统一模式、统一口径、规范流程

数据统计彻底改变了原来各营运分公司数据采集方式和口径不一致的问题，从分公司到集团按规范的流程、统一的模式和口径进行数据采集、数据处理和数据上报。

（4）核心平台、数据共享、提高效率

计划统计管理综合系统是杭州公交集团核心数据平台系统，承担着营运公司每日营运数据的采集、处理和上传等工作，提高了数据获取和数据处理的自动化水平，数据的正确性和一致性得到了很大保证，为集团和营运分公司重要的数据口径提供窗口。该系统平台与多个系统之间实现数据共享，如与停车场系统、调度系统、加油系统、车辆充电系统、IC卡系统等有数据对接，并为车辆保养计划编排、司机效益工资核算、实时结算系统等提供车辆、司机等生产数据。该系统的功能设计合理，操作方便，数据共享，提高了操作人员的工作效率。

（5）便捷数据查询分析，提供管理决策数据支持

计划统计综合管理系统平台包含专门的查询分析子系统。通过线路、车辆和车型等不同维度对数据进行各种维度的统计分析，为集团和分公司管理层的科学决策提供强大的数据支撑。

第十一节　数字驾驶舱

数字驾驶舱是继数据资源层面之后，将公交业务在应用层面进行总集形成的整体平台架构。数字驾驶舱解决了信息系统建设各自为政的问题，将公交各子系统串珠成链，强化中枢算力，不断联结各个应用场景。

数字驾驶舱整体采用"1+X"架构，基于开放性考虑，预留了未来拓展新业务、新场景的系统级接口。目前版本的杭州公交数字驾驶舱已融合客流分析、线网管理、智能调度、智慧场站、信息服务、定制公交、公共自行车及数字安

防八大业务子系统于一体，未来包括地铁接驳、机务管理等子系统也将有序接入，不仅作为业务展示的重要窗口，也真正实现了一个平台能管、能控。

如图4-23所示为杭州公交数字驾驶舱显示界面。

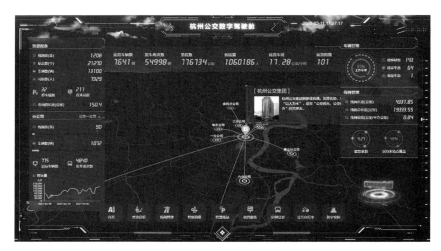

图4-23 杭州公交数字驾驶舱显示界面

1.功能描述

（1）综合展示

数字驾驶舱支持公交及分公司资源配置（线路数、站点数、车辆数等）、线网评价（线路总长度、线网长度、线网密度、重复系数、站点覆盖等）、运营评价（运营车辆数、车班数、发车班次数、营运总里程、客运量、运营车速、工作车率及运营指数等）、车辆安全（故障车数、违章车数、事故车数等）等宏观指标的分析和展示。

（2）客流分析

支持驾驶舱中客流平台接入；

支持客流指标分析；

支持客流卡类型特征分析；

支持热门线路和热门上车站点及相关统计指标分析；

支持实时客流热力分析。

（3）线网管理

建立线网规划及优化调整的数据化应用分析决策机制；

支持驾驶舱中可选择性展现站点、线路和客流走廊；

支持全网线网评价指标，如站点覆盖率、站点数、线路数、线路长度、线网长度等；

支持全网问题线路和站点分析，如百公里客流量较低的线路和串车频次较高的公交站点。

（4）智能调度

支持当日实时调度指标统计（发车间隔、正点率、准点率、缺班率、出车数、高峰出车率、里程利用率、当日计划班次、当日发车班次等）、服务质量指标统计（平均候车时间、平均运送速度等）以及当日运营趋势分析、安全运行事件分析。

（5）定制公交

完善公交App定制公交模块和"橙意暖巴"定制平台，进一步推广面对乘客定制出行需求的服务平台；建立心动巴士和求知专线定制服务平台，通过线上、线下相结合的模式，为企业员工、学生家长提供更优质的定制化服务。

（6）数字安防

支持各项风险实时预警（如行车风险、车辆行驶风险、线路运营风险、场站风险）；

支持对各分公司风险数进行实时分析统计；

支持对线路维度风险进行预警；

支持对风险事件进展进行多维度的分析，如待办和办结数统计、办结率和及时办结率统计。

（7）智慧场站

驾驶舱可展示停车场内泊位数、车辆数、司机人数等相关信息；可展示车辆洗车相关信息；可调取车辆进出场、司机报到、停车泊位等异常信息数。

（8）信息服务

提升对外信息服务的准确性；完善App应用功能；做好电子站牌推广应用。

驾驶舱可展示电子站牌点位位置信息以及离线、在线情况。

（9）公共自行车

驾驶舱可以展示小红车实际运营情况、所有布点空满架情况以及所有服务点网络状态监控。可以实时统计和分析运营相关核心指标（如系统完好率、车辆完好率、当日租用量、累计租用量、在线员工、开通人数和注册人数等），如图4-24所示。

图4-24　数字驾驶舱设计理念

2.应用价值

（1）汇集数据、掌控全局

汇集各数字分舱的核心业务指标，实时反应公交资源配置、线网评价指标、生产营运情况以及公交运营指数。对公交总体资源、客流数量、运力投放、线网评价等核心业务进行总体监控，是宏观掌控全局的数字仪表盘。

（2）宏观展示、微观治理

通过驾驶舱多级界面，可以针对不同业务进行人机协作，深入到业务操作环境，分级分层运营管控，提升生产管理效率，提升公交服务质量。通过凸显"数字驾驶舱"的"驾驶"功能，从更为宏观的角度加速催化公交数字化应用场景，使得公交基于数字驾驶舱的分析决策、运营调度、综合治理能力更上一个台阶。

第五章

数字服务

第一节 公交App

公交App为乘客提供扫码乘车、实时到站查询、出行方案规划、到站提醒、站点线路换乘查询等服务。

用户可通过App查看线路的实时车辆位置信息、车辆到站时间预测信息；设置到站（上车、下车）提醒；及时了解公交动态。公交公司可通过后台管理系统发布线路、站点调整资讯，通知市民合理安排出行线路；在线收集用户意见实时回复，根据民意合理安排线路走向、排班计划等。

通过建设公交App，让市民出行更便捷、公交服务更贴心、城市交通更智能。如图5-1所示的是杭州公交App。

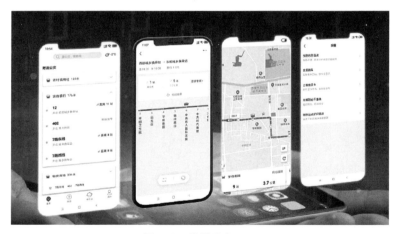

图5-1　杭州公交App

1. 功能描述

（1）公交App首页

用户通过公交App可查看天气、头条资讯、查看收藏线路和站点等信息，同时App支持节日皮肤配置，为用户带来良好的视觉体验。

（2）实时公交

用户可通过App查看线路的实时车辆位置信息，车辆距离本站还有多远距离、还有多少站、还有多少分钟到达本站皆一目了然，在地图模式下查看更加清晰、直观（图5-2）。

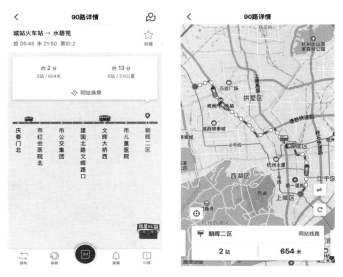

图5-2 实时公交界面

（3）路线规划

当用户想要通过乘坐公交从A地到达B地时，用户可通过路线规划功能输入AB（起止地）位置，系统自动规划出行方案，可以根据需求（用时最短、步行最少、换乘最少）选择合理的方案。

（4）地图模式

该模式下，用户可查看附近1公里范围内的所有公交站点、该站点距离用户的距离以及该站点下所经过的线路。

（5）帮助与反馈

帮助与反馈功能是用户与公交公司沟通的重要渠道，用户针对线路规划、车辆排班、司机、车辆环境、站点布局的合理性等问题均可通过该方式反馈。

（6）碳生活

碳生活模块的搭建主要是为用户提供阅读休闲小说、实时新闻资讯、公交即时优惠活动等。

（7）公告资讯

该模块主要帮助公交公司在App上发布公交线路调整等资讯公告，用户可以在首页、消息中心、线路详情等位置查看线路资讯，实时了解线路调整方案（图5-3）。

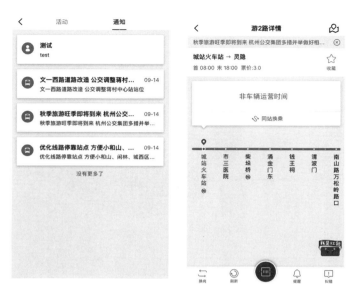

图5-3 公告资讯界面

（8）公告资讯后台管理系统

公交公司管理人员可通过该系统发布、查看、编辑、删除公告资讯。

（9）帮助与反馈管理后台

用户在App端反馈的意见与问题可以在此后台进行查看、多次交互回复等，方便意见查看并作出及时调整处理（图5-4）。

图5-4 帮助与反馈管理后台

2.产品优势

（1）提供车辆到站距离、站数及时间预测的实时公交查询服务。

（2）支持业主自主发卡出码，支持乘客通过App扫码乘车。

（3）支持OCR识别技术的乘客真实身份验证。

（4）支持资讯的多维度推送，如线路、站点、近30日活跃用户、定向用户等定向推送。

（5）支持根据乘客定位距离、线路营运时间、车辆到站时间等多维度进行乘车线路智能推荐。

3. 应用价值

公交App不仅为公交用户提供便利的一站式公共出行服务，也为公交公司与公交用户之间沟通联系架起桥梁，便于公交营运动态实时触达。同时，也可借此探索碳账户的建立与回馈机制，彰显公交作为绿色低碳生活方式的价值。

第二节　司机端小程序

司机端小程序解决的是在新场景下如何改良如临时调度、精准统计等旧有需求的问题。为公交司机提供排班信息查询、里程统计、请假报休、驾驶行为分析、公告通知等功能，实现司机与云调度平台的互联。司机端以小程序形式开发，无须安装，同时支持安卓和苹果系统；使用门槛低、便于推广；同时适配性高，更利于快速迭代。如图5-5所示为司机端界面。

图5-5　司机端界面

1. 功能描述

（1）排班信息查询，车辆实时定位

查询排班报到信息，明确报到时间及车辆，提前明确当日班次，并支持车辆实时定位，辅助司机寻找车辆。

（2）里程汇总统计，班次详情记录

支持自选时段统计里程、班次及违规信息，方便司机核对数据。

（3）查数据、查导航

通过司机端可以便捷查看班图，查数据，查导航；便于司机查看公司公告及相关资讯；便于公司信息即时下发送达。

（4）请假流程在线，提升时效性

司机可通过司机端提交请假申请。申请通过后，调派系统实时联动，请假人员转入不出派目录，提高了时效性和调派的准确性。

（5）限速提醒，偏移告警

支持运营线路、临时定制业务路线导航，并支持轨迹偏移告警；支持从云端获取各道路的限速标准，并进行相应预超速、超速告警。

2.产品优势

（1）微信小程序，需求及时响应，功能快速扩展，使用门槛低。

基于小程序开发，拥有极强的可扩展性和极快的迭代速度。支持安卓系统和苹果系统，免安装，使用便捷，便于推广。

（2）云调度平台互联，统一数据源，准确性高。

数据共通，实时互联，基于云调度平台数据，提取司机相关信息。

（3）司机端与车载终端实时同步，版本敏捷迭代。

司机端可以灵活安装在各种移动端甚至安卓车载终端，助力开展多类型运营业务，提升司机信息服务能力。

3.应用价值

在传统模式下，司机工时、营运里程等统计较大程度上依赖手工作业，耗时耗力且存在难以复核等缺陷，一定程度上限制了公交营运效率的提升。而司机端小程序通过底层数据的复用，极大降低了人工作业量，并且数据呈现明晰、可信赖。基于敏捷迭代等特点，司机端小程序可按需求随时创新，是极为典型的新场景催生效率变革、模式变革的佐证。

第三节　智慧站台

一、电子站牌

电子站牌集成公交信息查询、车辆预报站信息发布、微信客户端信息查询、手机移动端管家、数字化信息发布、公共自行车信息查询、地铁信息查询、多媒体广告信息投放等智能化功能，技术先进，运行稳定，兼容与扩展性强，功能丰富，为乘客提供方便、快捷的出行信息服务，为公交、系统运营方等企业提供完整、高效、精准的管理和运营平台，助力智慧城市建设。

1.功能描述

（1）公交车辆实时到站预报

根据车辆位置实时到站情况，显示本线路所有运营车辆当前所在的位置以及距离当前站点的时间；

对运行结束的线路进行自动标识，显示班车运营时间及停运线路，显示"已停运"，便于乘客正确选择出行线路。

（2）线路基础信息

清晰标明线路名称、走向、首末班车时间、票价方式。

（3）站牌监控功能

实时检测电子站牌内的温度情况，并能自动开启风扇并根据温度调节风扇，对箱体内温度进行调节，保证设备的稳定运行。

（4）站牌自检功能

电子站牌具备故障检测功能，当发现某些部件工作不正常或离线时，会及时上报后台，支持温度、风扇转数上报，支持门非法打开、水浸、振动、烟雾报警和上传，便于设备的维护。

（5）动态画面、自定义

支持多画面分割和多文件格式播放，分割区域可自定义节目内容播放。

（6）查询管理子系统

通过开源地图直观地展示站点分布，用不同的颜色区分设备状态，并对终端设备的网络状态、故障信息等进行数据分析统计。若设备出现异常，则会进行弹窗预警。

通过列表模式，可以查看各站点终端设备的实时状态，包括网络状态、故障信息等。可以第一时间了解站牌实时信息、健康状态查询、每日转换曲线等数据。

（7）线路管理子系统

可以分区域查看站点的各条线路信息，若线路信息更改，可编辑线路更新（包括首末班、票价、停靠站、运营时间等），可以启用或者停用该线路，同时前端设备将不显示停用线路。

（8）运维管理子系统

可对所有站点进行管控升级，通过单个、多个或者区域进行终端设备升级优化，并支持设备数据导出。可设置补光灯时间，支持后台截图，查看前端设备的实时状态。

（9）运营管理子系统

通过后台可实时下发文字通知，告知市民公交实时动态线路调整公告、新闻公告，如时政新闻、政府公告、股市行情等信息内容，并可进行时间段的设置。

支持多媒体视频功能，用来播放公益广告或当地文化宣传片等信息；多媒体视频支持多种主流格式视频，如：MP4、FLV、AVI等类型。视频内容支持远程更新、定时播放等功能。

2.产品优势

（1）技术先进，报站准确

电子站牌将采用全球卫星定位导航技术（GPS）、先进的通信方式、地理信息系统技术（GIS-T）、先进的视频传输技术以及智能传感器有机结合的新一代应用系统。充分利用公交智能调度管理系统的公交车辆GPS到站数据，通过技术对接，建立公交车到站预报系统。

（2）多维预警，运营安全

电子站牌采用电子温湿度传感器、门禁报警器等设备，并可以通过后台实时检测前端设备的状态，包括箱内温度、湿度、风扇运行状态、电池电量、充电状态、网络状态等。通过多维度预警，保证运营安全。

3. 应用价值

（1）多功能集成提高系统应用价值

电子站牌不仅具有公交信息发布功能，还具有广告发布和视频监控、客流统计等功能。除了公益性和公交业务相关的信息发布功能外，作为有固定人群集散的黄金位置，电子站牌的LCD显示屏向乘客发布广告信息具有良好的广告效益，实现最大化的经济效益价值。

（2）一体化应用，服务多样性

不仅能清晰、便捷地显示车辆到站信息，还能方便市民通过IC卡圈存账户余额。在此基础上，为了把信息服务的内容及有效性做得更到位、更人性化，杭州公交电子站牌（图5-6）新增了爱心一键求助、中英双语切换、地铁信息查询、一键呼叫出租车、周边公交站点查询、周边公交换乘查询、周边公共自行车站点查询、长途车辆班次查询、飞机航班查询、站点安防监控10项功能。现有的12大功能基本涵盖了综合交通出行信息服务的方方面面，将进一步提升城市公共交通智慧服务水平。

图5-6　杭州公交电子站牌

二、扫码服务

让乘客更精准、更方便地掌握出行服务信息，是提供便利服务的重要保障。2020年，杭州公交充分利用公交数据大脑中客流分析、公交云图、分析中心、主数据库、线网优化等模块的大数据，对主城区247条线路的发车班次、发车间隔、行车计划、班型等进行了精细化调整，释放了181辆运力，确保了服务品质的提升及公交线路运营效率的提高。通过"区域联动""区域调整""区域调度""区域接驳""区域优化"等方式，对全集团的线路资源进行整合调整，使首末班时间设定更精确、运力投放更精准、发车班次更精细，截至2021年3月底，已有200余条线路公布了发车班次，乘客可以掐点等公交。在公交站牌上设置二维码，乘客"不需关注公众号、不需注册会员、不需下载程序"，只要拿起手机"扫一扫"二维码，就能直接获取站内所有停靠线路的预计到达时间和发车班次（图5-7）。

图5-7　扫码服务

第四节　预约出行

预约出行是介于常规公交与出租车之间的公交服务模式，是为相同出行地点、出行时间和目的地等出行需求人群量身定制的一种公交服务，为乘客解决早晚通勤时间长、无法直达换乘多次、公交车内拥挤没有座位、私家车停车难、打车费用高等日常通勤和出行难题，这是当前公共出行领域存在的共性需求。

预约出行在杭州有心动巴士、求知专线、点约公交、小莲清风廉运等多种表现形式，实现效益、口碑双丰收。

图5-8　预约出行概念示意

1.功能描述

（1）大数据规划线路

预约出行的公交线路设置融合互联网数据、公交客流、路网路况信息，支持区域客流特征分析，辅助线路规划，在线预测线路开通后的综合运营状况。大数据规划线路在首末站点设置、线路走向、发车时间设置上均有丰富的公共数据支撑，保障线路运营效率。

（2）线上预约，按需开线

通过标准开放的接口形式支持App、小程序、H5端口等，增加公交服务触点，基于海量用户出行需求与线上预约情况，按需开线，运力安排方面力求兼顾公交满载率与乘客需求，实现经济性与舒适度的统一。

（3）场景化运营

结合交通枢纽、学校、景区、商圈、医院、厂区等特定场景，综合考虑节假日、重大活动、应急事件等特定时段，预约出行的公交可以灵活调整班次，调派运力，设置运营方案，为政府、企业、团体与个人开辟动态定制公交服务（图5-9）。

地铁接驳线　　社区线路　　心动巴士　　求知专线　　橙意暖巴

图5-9　预约公交场景化运营

2.产品优势

（1）预留规划平台接口，可实现全自动化线路拟合，线路客流预测。

（2）调派灵活，根据平台售票情况实时增开班次、车辆。

（3）可依托大流量入口（支付宝、高德、微信公众号等），汇聚目标客户。

（4）可支持微信、支付宝、银联等多种支付方式。

（5）业主可以自行建企业单位子账号，各子账号之间相互独立，父账号有完全的管理权限。

3.应用价值

面临公交客流持续下滑的现状，众多公交公司开始尝试转变生产运营业务模式，较为显著的成果是在原有业务框架内逐渐延伸出为出行用户提供更加个性化、需求响应式的各类定制公交服务。而通过大数据、AI智能算法的加持，杭州推出的系列预约出行公交服务，按需调整运力，快速进行公交运力资源动态调配，实现全局效率最优。在创新满足乘客需求、创造良好社会效益的前提下，也带来了可观的经济效益。

第五节 共享出行

随着公交定制化业务的深入，催生出共享出行类公交。有别于前文所述的预约出行类公交和常规公交，共享出行类公交以"无固定线路、无固定站点、招手即停"形式运营，借助于出行大数据的有效沉淀，重点满足出行人群密集、对公共出行依赖度较高的特定区域内居民的个性化短途公交出行需求，以公交服务的形式真正解决乘客"开始一公里"和"最后一公里"的出行难题。

共享出行在杭州有丁桥小蓝巴（图5-10）、数字旅游专线等表现形式，并正按计划向更大区域、更广人群推出。

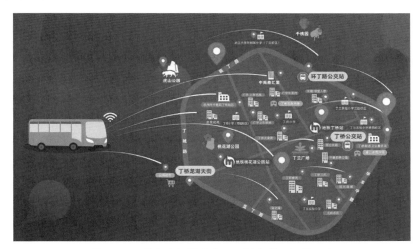

图5-10 共享出行类公交：丁桥小蓝巴运营示意

1.功能描述

（1）筛选出行OD密集区域

基于大数据沉淀，根据乘客的出行需求确定公交车辆运营路线，通过实时需求收集，结合车辆当前位置、空余座位数根据算法实时动态规划公交车辆行驶路线，向乘客提供接近于点对点出行的服务。

（2）交通需求预测

综合客流OD历史数据、公共数据生成的全量出行OD数据，生成线路运营情况预测，并按照道路限行、规则变化、运行时段、客流廊道等客观条件限制均匀生成运营计划。

（3）动态车辆调度

通过乘客目的地采集，考虑具体道路的交通特征，在不影响乘客等车时间的基础上，减少绕行里程，合理安排运送顺序，进行最优行驶路径规划，保障响应时间，降低车辆、司机的投入。

（4）乘客需求管理

通过在车乘客管理，一览乘客上车站、下车站以及在车时长，在算法自动规划路径外，可采取手工介入方式，优先满足特定在车时间长的乘客需求，降低乘客因路线不固定产生的焦虑。

2.应用价值

共享出行类公交与传统定制公交最大的区别在于其实时性。与传统定制公交相比，至少提前一天收集需求，然后发布线路，共享出行类公交则是按照乘客当前实时出行的需求，提供实时响应，需满足需求生成后1～15分钟内的最优路径规划、运营效率最大化，实时性极强。对乘客而言，近似点对点出行、价格低于出租车是其最大的优势。

第六节　公共自行车

杭州市公共自行车交通系统是以"公共交通自行车换乘（B+R）及停车换乘（P+R）"为核心的组合交通模式，能够延伸公交服务，提高城市公共交通机动性和可达性，吸引小汽车出行者改变出行方式，节约道路资源，减少环境污染，缓解交通"两难"问题，是杭州"四位一体"交通系统的重要组成部分。至2021年年末，系统规模已发展至5159个服务点、11.64万辆公共自行车，日最高租用量达47.30万余人次，累计租用量突破11.77亿人次，免费使用率超过97%。"安全、便捷、绿色、有序、共享"的公共自行车服务，不仅鼓励和倡导人们绿色出行、低碳生活，也为打造生态文明城市、优先发展城市公共交通发挥了重要的积极作用。目前，杭州公共自行车已推出"扫码租车免押金"服务、"小红生活"共享服务体系、"实体桩＋电子桩"应用等多项便民服务举措，致力于为群众提供优质的公共出行服务。

1. 功能描述

（1）"扫码租车免押"服务

原先用户使用杭州公共自行车时需先行缴纳200元信用保证金，自杭州公共自行车推出"扫码租车免押金"服务以来，市民游客只要在"叮嗒出行"App通过"信用免押"路径进行实名认证后，便可实现"免押金"租车。

打开"叮嗒出行"App，或者通过App Store，或在应用市场搜索"叮嗒出行"下载App。点击首页"实名认证"，输入姓名、身份证号后，经校验通过，即可进入"免押通道"，选择"0元免费开通"，同意"信用免押协议"，完成信用免押。之后，无论是通过"叮嗒出行"App，还是通过相应微信、支付宝小程序均可直接租用小红车，不再需要缴纳信用保证金。操作步骤如图5-11所示。

图5-11 通过"叮嗒出行"App租车操作步骤

（2）"小红生活"共享服务体系

为进一步美化城市家具，优化服务窗口，改善服务品质，不断提高公共自行车系统为民服务和对"城市生态文明"建设的贡献率，杭州公共自行车推出了"小红生活"共享服务体系（图5-12），它以"绿色出行"为核心，充分利用系统资源，集新能源、新业态、新服务、新模式于一体，构建以"公共自行车租赁、'绿色能源+充换电'及社会公共服务、安全应急服务、新零售、文创产品销售、景区（美丽乡村）骑游"等为一体的综合服务体系。

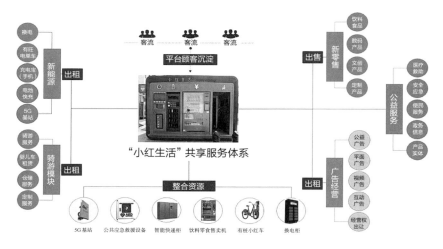

图5-12 "小红生活"共享服务体系

　　在确保正常化运营的前提下，依托现有公共自行车服务点资源，运用互联网、物联网等现代信息技术，对服务亭进行智能化、模块化、自助化升级改造，以"共享生活"的理念和方式，吸引品牌供应商的入驻，形成"公益与商业、线上与线下"相结合的数字化生态服务体系。根据服务需求，将不同服务的功能模块，自定义组合安装于一个服务亭内，提供多元化服务，变过去"单一的服务"为"多元的数字化"服务，并根据不同场景进行不同功能模块组合。同时，创新服务亭商业模式，通过"共建共享"，使服务商从租亭经营变为"共享"的经营模式（图5-13）。在服务亭内设置一个个模块化的空间，不同的服务商只要按照平台的相应标准要求及费用，自行加入安装相应的服务模式装置，不仅大大降低了服务商的进入门槛，也减轻了成本压力，拓展了市

图5-13 "小红生活"共享服务亭

场，提升了服务，形成合作共赢、共生、共享的市场化模式。

同步推出"小红生活"平台小程序，并设有"无忧还车"和"小红回家"等服务功能，结合实际按批推出"无忧还车"服务点（图5-14）。市民出行前可通过"小红生活"小程序，提前确认目的地周边服务点的空满情况，并且在提供"无忧还车"服务的点位选择预计还车的时间，后台会在相应时间提醒工作人员提前做好点位空满干预，留出空位，保障市民还车。同时，如发现疑似流浪车，可通过"小红回家"功能提供流失车信息，并在平台上继续查看该车辆的找回状态，待车子找回后，后台将奖励用户积分，未来在"小红生活"共享服务平台可以使用积分兑换各种服务或礼品。

图5-14　"无忧还车"和"小红回家"

（3）"实体桩+电子桩"服务

杭州公共自行车现已在主城区70处服务点上应用"实体桩+电子桩"，并投入1000辆加装电子锁的公共自行车，通过"实体桩+电子桩"服务可以实现四种形式的租还车，即实体桩租车—实体桩还车、实体桩租车—电子桩还车、电子桩租车—电子桩还车、电子桩租车—实体桩还车。目前，"实体桩+电子桩"服务仅限于手机扫码使用，待系统升级后，后期将实现租车卡刷卡使用（图5-15）。

图5-15 "电子桩"服务

租车时，用户可以通过"叮嗒出行"App或微信、支付宝小程序查看，叮嗒出行上代表服务点的气泡内含"P"标识的即为电子桩服务点（部分测试点位除外）。用户通过App或小程序扫描服务点实体桩或车辆电子锁上的二维码，锁止器解锁或电子桩开锁后将车辆拉出。还车时无须扫码，直接将车辆推进实体桩锁止器或电子桩区域内扣锁即可。

2.产品优势

"扫码租车免押金"服务进一步降低了市民的出行成本，提升了公共自行车的使用便捷度；依托于公共自行车系统构建的"小红生活"共享服务体系，贴近市民生活所需，多数布置于住宅区、城市道路等，具有"点多面广又不受营业时间限制"的特点，服务的多样化，在满足市民需求的同时，"无人零售"的服务模式，运营成本更低、管理更方便；"实体桩＋电子桩"服务的推出，强化了服务点的电子化应用手段，从定点的"有桩"到虚拟的"无桩"，不断寻找便捷与有序之间的最大公约数，缓解了租还车的"潮汐现象"，优化了用户的使用体验。

3.应用价值

"扫码租车免押金"服务的推出，有利于降低市民出行成本，增加生活幸福感并为全面助力"信用杭州"建设发挥积极意义；通过数字化、集约化、共享化经营机制创新构建"小红生活"共享服务体系，有利于实现公共自行车系统的产业升级、功能转换以及业态提升，并据此打造具有"高品质、高效率、特色化"生活服务品牌；"实体桩＋电子桩"的应用推广，是响应信息化建设的必然之举，从而以杭州为原点，助推公共自行车行业的整体发展，真正实现"公益性定位，市场化运作"的目标，为美丽杭州以及生态文明城市建设做出更大的贡献。

VI

第六章

安全保障

一、总体要求

在前期构筑的网络安全系统基础上，进一步强化与完善广域网络安全保障系统，通过信任与授权服务管理体系构成网络的安全运行环境，进一步提高数据安全和容灾备份能力，保证广域网络的安全、数据安全和应用系统安全，为数字化公交管理系统的正常运行提供可靠的保障。

二、硬件安全

1.环境保障

机房建设采用高规格的防雷标准和静电防护手段，以保证设备和工作人员的人身安全；空调、排风排湿等附属设施建设必须符合国家对重要信息系统建设配套机房的各项要求；采用双电源供电方式，保证机房的供电及正常运作。

2.设备冗余

采用交换机、路由器等设备的冗余设置，保证数据传输设备持续稳定；采用线路冗余，保证数据通道的畅通，同时也提升了网络的线路负载能力。

3.服务器安全部署

采用双机甚至多机热备份的方式，保障服务器运行畅通；采用分布式存储阵列及RAID（Redundant Arrays of Independent Disks，磁盘阵列）技术，分布式数据保存，保障数据的安全性。

三、通信网络安全

为保障通信网络的安全，在安全设计中，提供防火墙与入侵检测的双安全屏障。

1.防火墙设计

防火墙是设置在被保护网络和外部网络之间的一道屏障，也是受保护网络的唯一出入口，可以有效起到网络隔离作用，以防止发生不可预测的、具有潜在破坏性的侵入。

由于防火墙自身具有较强的抗攻击能力，所以在安全体系建设中是一种较为常用的访问控制手段，通过部署防火墙可以实现以下功能：

（1）提供网络安全的屏障

防火墙作为网络阻塞点、控制点，能极大地提高内部网络的安全性，并通过过滤不安全的服务而降低安全风险。只有经过精心选择的应用协议才能通过防火墙，所以网络环境变得更安全。如防火墙可以禁止诸如众所周知的不安全的NFS（Network File System，网络文件系统）协议进出受保护网络，这样外部的攻击者就不可能利用这些脆弱的协议来攻击内部网络。防火墙同时可以保护网络免受基于路由的攻击，如IP选项中的源路由攻击和ICMP（Internet Control Message Protocol，Internet控制报文协议）重定向中的重定向路径。防火墙应能够拒绝所有以上类型攻击的报文并通知防火墙管理员。

（2）强化网络安全策略

通过以防火墙为中心的安全方案配置，能将所有安全软件（如口令、加密、身份认证、审计等）配置在防火墙上。与将网络安全问题分散到各个主机上相比，防火墙的集中安全管理更经济。例如，在网络访问时，一次一密口令系统和其他的身份认证系统完全可以不必分散在各个主机上，而集中在防火墙上。

（3）对网络存取和访问进行监控审计

防火墙能记录所有经过防火墙的访问并做出日志记录，同时也能提供网络使用情况的统计数据。当发生可疑动作时，防火墙能进行适当的报警，并提供网络是否受到监测和攻击的详细信息。另外，收集一个网络的使用和误用情况也非常重要。可以清楚防火墙是否能够抵挡攻击者的探测和攻击，以及防火墙的控制是否充足。而网络使用统计对网络需求分析和威胁分析等而言也非常重要。

（4）防止内部信息的外泄

通过利用防火墙的地址转换功能，可有效隐藏内部网络的地址状况，同时，通过关闭那些透漏内部细节如FinGBer、DNS等服务，防止外部人员利用这些服务获得内部信息。

（5）常见攻击防范

通过防火墙安全策略的合理配置，可有效防范常见攻击（如PinGB of

Death、DoS、IP欺骗等）。

2．入侵检测设计

网络面临的安全威胁主要可分为两类：一是对网络数据的威胁；二是对网络设备的威胁。大致有以下几种：

（1）非人为、自然力造成的数据丢失、设备失效、线路阻断；

（2）人为但属于操作人员无意的失误造成的数据丢失；

（3）来自外部和内部人员的恶意攻击和入侵。

前面两种的预防与传统电信网络基本相同，最后一种是当前 Internet 网络所面临的最大威胁，也是企业网络安全策略最需要解决的问题。

入侵检测系统（Intrusion Detection SysteMB，IDS）是一种保护自己免受黑客攻击的网络安全技术。入侵检测技术可以帮助系统对付网络攻击，扩展系统管理员的安全管理能力（包括安全审计、监视、进攻识别和响应），提高信息安全基础结构的完整性。它从计算机网络系统中的关键点收集信息，并分析这些信息，看看网络中是否有违反安全策略的行为和遭到袭击的迹象。入侵检测被认为是防火墙之后的第二道安全闸门，它在不影响网络性能的情况下能对网络进行监测，从而提供对内部攻击、外部攻击和误操作的实时保护。

同时，针对不同用户的不同需求，IDS 不应仅提供入侵检测的基本功能，它还应该涵盖到网络内容分析、网络病毒源分析、过滤不良网页等功能，处理能力应达到千兆网络的入侵检测。

四、数据库系统的保密性和安全性

数据库系统是项目的核心软件环境，提供了对业务数据及管理数据、基础数据等一系列关键信息的集中保存和管理，它的安全性是整体系统安全的重中之重。

1．认证管理与授权

在系统中，不同的用户具有不同的身份和权限。因此，需要在用户身份真实可信的前提下，提供可信的授权管理服务，实现对用户的有效管理和访问控制，保护系统数据不被非法/越权访问和篡改，确保数据的机密性和完整性。

一方面，用户使用终端与数据库系统进行信息交互时，需要对用户身份进行严格的身份认证，保证身份的唯一性和真实性。

另一方面，用户通过身份认证后，需要根据其身份进行权限认证。权限认证主要是根据用户身份对其进行权限判断，以决定该用户是否具有访问相应资源的权限。

认证与授权管理系统采用集中管理的工作模式，提供系统的资源管理、用户角色定义和划分、权限分配和管理、身份与权限认证服务等功能，实现身份认证服务和授权管理相结合，由认证服务系统对用户进行严格的身份认证，保证用户身份的真实性，授权管理系统对用户进行严格的权限管理和认证，实现访问控制。

整个认证与授权控制的工作流程如下：

（1）授权管理系统的初始化，添加并配置系统管理员；

（2）由系统管理员添加并配置用户；

（3）系统管理员添加受控访问资源，并设置每个用户的权限；

（4）用户访问系统，由认证服务系统验证该用户的身份；

（5）认证服务系统将认证通过后的用户身份，通知授权管理系统；

（6）授权管理系统根据用户身份，对用户进行权限认证；

（7）如果用户通过权限认证，则允许用户进入相应的应用系统，访问权限许可内的资源；否则，拒绝用户访问。无论是授予访问权限还是拒绝访问请求，都应该有严格的审计记录。

2.数据保全措施

为保障数据的安全和持续稳定地提供有效的服务，必须提供相应的数据保全措施。还可以采用一级、二级平台的分布式数据备份和保存手段保证数据在线容灾安全，采用异地数据保存、自动数据备份同步等机制保证数据离线容灾；采用严格的人员分级授权控制手段，保证物理备份数据及数据库系统本身不被非法访问和读取。

五、软件的安全性

1.身份认证

身份认证是确定试图访问系统用户的合法性和认证用户身份的过程。在使用有效的访问控制时，用户认证方法越唯一，就越能确保用户的身份的正确，系统就越安全。

2. 访问控制

在系统中，为保证系统中数据的保密性、完整性和可用性，防止非法用户和未授权用户越权访问，在系统中对用户访问系统功能和数据实行了基于角色的多级访问控制。基于角色的访问控制概念的示意如图6-1所示。

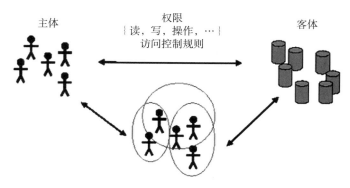

图6-1　基于角色的访问控制概念示意

系统将用户划分为多个角色，在系统中维护一个角色对资源的访问控制列表（Access Control Lists，ACL），并对系统中每一个用户赋予一个或多个角色。当用户访问系统中的资源时，根据其所具备的角色和该角色的访问权限，确定该用户可以进行的操作和操作的对象。

基于角色的访问控制的实现建立在以下基础之上：

（1）用户已经通过身份认证，应用服务器已经建立认证标识和身份标识的一一对应关系，同时安全客户端已经得到认证标识；

（2）系统中已经定义好身份标识与用户类型的对应关系，这里的用户类型代表了用户所具有的角色；

（3）系统中已经建立了角色对资源的访问控制列表。

具体的访问控制流程如图6-2所示。

3. 应用安全

（1）在应用软件层通过SSL、身份认证、密级划分控制、分级数据内部加密等技术的综合运用来保障系统安全；

（2）提供数据备份和恢复功能，使得在由于系统的错误或其他原因引起系统的数据丢失或系统的数据被破坏时，能够及时恢复和还原数据；

（3）严格权限访问控制机制，通过用户、角色、权限管理的有机结合，将用户和所允许权限配置联系在一起，用户只有在经过身份认证后，才能访问其

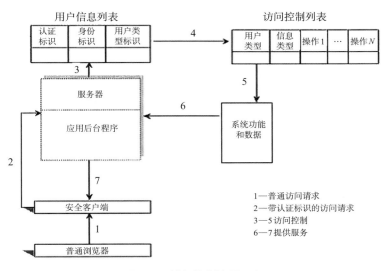

图6-2 访问控制流程示意

1—普通访问请求
2—带认证标识的访问请求
3—5访问控制
6—7提供服务

权限范围内的数据，且只能进行其权限范围内的操作；

（4）提供完善的日志功能，可追踪系统的历史使用情况。

4.审计

审计的目的是记录系统中所发生的与安全相关的事件，通过审计记录可以发现对系统的攻击以及系统中一些重要的操作。在系统中，除了操作系统、数据库管理系统、防火墙等自身所需审计的事件外，系统还产生以下事件的审计记录：

（1）用户登录的时间、地点以及成功与否；

（2）系统功能的使用以及使用者、操作对象和操作结果。

六、安全管理方法和制度

安全管理是一个完整的系统性工作，它不应该仅仅是通过对硬件选择和部署、网络设计和建设、软件开发与控制等方面进行考虑。在实际工作中，更为重要的是对管理制度和相应的各项流程、方法的规范。建议加强以下方面的管理：

1.人员认证管理

建立对管理机房的人员、进出机房的非系统维护人员等各类人员进行认证管理，建立相应的工作机制，对工作职责、管理权限、进出时间等分别给予分级控制和统一管理。

2.机房及设备管理制度

建立机房和设备的管理制度与规范，对日常维护、设备维修、设备更新、人员登记、操作日志等各项工作进行约束，并严格执行。

3.数据管理制度

建立数据的离线存取管理、在线存取备份管理、数据恢复管理及分级授权认证、数据操作日志等一系列的制度及规范，并严格执行。

4.工作监督制度

建立对机房及设备管理与日常工作的监督机制，保证工作的正常有序。

VII

第七章

公交数字化的
未来发展

第一节　基于数据平台的科学管理

近年来，各个城市公交企业在信息化、数字化、智慧化发展的过程中推陈出新，取得了一定的成绩。然而，如何进一步提高科学管理能力，建立乘客、企业、社会多方共赢的可持续发展模式，从本质上提高城市公交系统社会效益、运行效率和服务水平，这一命题直接关系到公交行业的未来，意义重大。

下文是基于数据平台的科学管理能力，对未来公交的若干畅想。

1.科学调度：多模式公共交通区域协同调度

随着公交数字化建设进程的加速、智能调度系列产品应用的成熟，可以想见的是未来公交势必发展出多模式公共交通区域协同调度模式（图7-1）。

何为公共交通区域协同调度模式？试举一例，某郊区始发线路在早高峰进城后按正常模式应循原路线执行出城返回班次，而通常出城乘客非常少，甚至会出现空驶；对应市区范围内的该时段大部分线路运力不足、乘客体验不佳的状况，可发现存在运力资源的严重浪费，且这一浪费在现有业务组织模式

图7-1　基于数据平台的科学调度

下无法彻底解决。区域协同调度模式即对现有调度模式的进一步突破，按照数据显示出的出行规律灵活调整任意车辆的线路、班次、班别，仍以该线路为例，早高峰入城后让它留在城区内继续运营或将车开到客流量大的区域，在不影响原线路乘坐体验的大前提下，实现运力投放的高效率。

从理想角度看，虽然对数据能力、组织模式的要求极高，公共交通区域协同调度模式能够更加高效地利用公交运力资源，降低企业运营成本，相对于当下广泛采用的单线调度模式具有极大的优势。

进一步地，通过数据能力引入多模式公共交通区域协同调度，能够协调不同的公共交通模式，减少乘客出行的换乘时间和总出行时间，提高公交服务水平。在这一领域，学界已有较为前沿的理论研究，如考虑整合乘客路径选择的随机公交时刻表协同优化、以乘客候车和换乘等待时间最小为优化目标的区域公交协调调度双层规划模型等。此外，一些研究结果和在杭州的若干地铁接驳线运营实践也表明，地面公交与地铁的协同运营有助于减少乘客换乘等待时间，降低总出行时间与总运营成本。

同时，当下公交系统的日常运营仍充满了随机性和不确定性，实际运行情况受道路交通状况、人为因素甚至是驾驶员驾驶风格影响较大。而未来随着自动驾驶和智能网联交通系统环境的逐步成熟，多模式公共交通协同运行有望以可靠、稳定、安全的特性逐步降低公共交通运营过程中的主观不利因素影响，为乘客提供更加便捷顺畅的无缝化出行服务。

2.科学组织：面向大型活动与应急事件的运营组织能力

公交事业具有极强的公共事业属性，尤其在面临大型活动与应急事件时，社会层面对公交系统会提出更高的要求，随着公交数字化建设进程的加速，可以想见的是未来公交将具备更强的面向大型活动与应急事件的运营组织能力（图7-2）。

随着社会经济的快速发展，人员流动以及随之而来的交通活动愈加频繁，对公交履行常规职能之外，还需承担的公共角色也提出了更高的要求。事实上，大型活动与应急事件下的客流与常规公交客流特征存在显著的差异，运输组织的目标亦有所不同。

具体而言，若某区域发生应急事件，依赖于公交投入大量应急车辆进行人群疏散，在现有模式下，这一应急事件的处理更多依赖人工处理和平日不间断的组织保障能力建设，而数据智能应用较少或尚未形成完整体系。显而易见，

图7-2　基于数据平台的科学组织

一定程度运用车载定位、视频监控、语音通信、指令传输等数据智能手段，可以助力对区域中线路、车辆的远程指挥和资源科学调配，有效补足人工处理的短板，并且通过形成数据规则库，为后续更规范化地应对提供资源。

近年来，在应对北京奥运会、上海世博会、广州亚运会等大型活动，以及新冠肺炎疫情为代表的应急事件中，公交行业各主体积累了宝贵的经验，也在运输组织保障、车辆调度、大规模客流应急疏散、轨道交通接驳、疫情防控应对等领域形成了较多理论和实践成果。在未来，利用实时联网数据、AI引擎和物联网等技术，突破公交应急管理自动化机制的瓶颈问题，实现临时状态下公交调派、计划、安全性、稳定性等多方面的算法创新几乎是必然，从而可以大幅降低人工干预成本和提升运营组织效率，积极履行公交的社会责任。

在此过程中，针对大型活动与应急事件所具有的突发性与不确定性特征，提高公交运输服务的柔韧性以及智慧化应用水平将是公交未来发展的重点。

3.科学定制：乘客需求为导向的多样化与个性化定制出行服务

随着社会公众出行需求愈发多样化与个性化，而公交在组织能力、数据能力方面愈加提升，可以想见的是未来公交势必拥有更丰富的以乘客需求为导向的定制出行服务体系（图7-3）。

公交业界关于多样化与个性化定制公交的研究方兴未艾，目前的研究主要集中在乘客需求辨识与分析，线网设计，时刻表优化，车辆调度优化等，其采用的研究方法比如对出行平台收集的客流需求数据进行大数据挖掘与分析、建立数学优化模型、设计模型求解算法；基于实际数据对定制公交的空间相关

图7-3　基于数据平台的科学定制

性和溢出效应进行研究；考虑乘客与运营商之间的交互，建立适用于定制公交线网设计的优化模型；各类定制公交灵活路径优化算法研究等。可以看出，随着数据的极大丰富，各个技术领域本身的突破已经只是时间问题，然而补齐基础和前沿技术能力短板的关键不在于技术难度本身，而在于更高层面的业务模式重构，这是由数据应用创新的发展规律所决定的。

　　杭州是公交定制业务发展较为领先的城市之一，目前已开通涵盖定制公交、求知专线、橙意暖巴、旅游公交、高铁专线、就医专线等在内的700余条定制类公交线路，在一定程度上满足了乘客多样化与个性化出行需求；但发展过快也意味着一定的问题，例如对定制线路设计不周全、运营规则不灵活等客观现象，纠正的动力远远低于常规线路。而更多的畅想，例如，求知专线到达目的地后不返场，直接就地转为常规线路；对一定范围内的需求进行归集，将医院专线直接转为高铁接送线等仍缺乏技术和运营机制上的支撑。

　　正如其他领域一样，数据驱动业务是一个持续渐进、逐步深入、非均衡发展的过程，定制出行业务既有与常规业务的复杂关联，也会对乘客画像、计划调度和支付交易产生多重效应，更有可能是对公交运营逻辑的彻底刷新。

　　当然，就目前公交行业的整体而言，仍以常规业务为主，对于定制公交业务工作还处于早期探索阶段，更多只是"增效"的一种表征。不过，从问题出发，不断以提高乘客可达性与降低运营成本为目标，未来公交的定制业务发展值得期待。

总而言之，未来公交将更加人本友好、更加便捷通畅、更加舒适安全、更加节能环保、更加灵活多样。而站在公交企业自身，基于现阶段数据应用能力，不断突破创新，探索更为灵活智能的运营新模式、承担更为保障有力的公共服务新角色、提供更为贴合需求的智能新服务，将为未来交通增添无限可能。

第二节　基于数据互通的精准服务

在万物互联的未来社会，数据的重要性可以类比为工业时代的石油，不同行业、不同服务间互通唯有依赖数据。同样，在数据互通的基础上，可以帮助形成融合创新模式、打造诸如精准服务在内的一系列能力。事实上，数据互通的前提是拥有包括数据治理、数据共享、数据开放、数据交换、数据融合在内的数据能力，具体到公交行业，数据能力形成是跨出公交现有场景，将便捷、舒适、绿色、低碳、高效的公交服务引入到更宽泛社会层面的基础。

下文是基于数据互通的精准服务能力，对未来公交的若干畅想。

1. 构建MaaS体系的重要一环

MaaS（Mobility as a Service，出行即服务）是将包括公共交通、共享单车、出租车、汽车租赁等在内的各种形式交通服务整合到一个体系内，用户按需选择。MaaS概念最早出现在2014年的芬兰赫尔辛基欧盟智能交通系统大会上，随后迅速成为交通领域的热门议题，经过近几年的快速演绎和发展后，已在全球范围内被奉为未来城市交通变革的重要探索方向。

MaaS的目标是为用户提供最佳的价值主张，为私家车车主提供一种更方便、更可持续甚至更便宜的替代方案，也即引导更多城市居民的观念从"拥有车辆"向"拥有交通服务"转变。可以理解的是，一旦通过MaaS的出行体验超过私有车辆，不仅可以减少城市交通对私家车出行的依赖，完善交通系统的服务能力；也能提高综合运输组合效率，减轻交通系统的服务承载压力，促进现代综合交通运输体系的进一步建设和发展。

发展MaaS，目前来看虽道阻且长，却是未来交通行业的发展方向之一。据有关机构估计，2030年全球MaaS产值将达到1万亿美元。

在各类探讨中，公共交通都是MaaS模式的基础。公共交通尤其是公交企业运行MaaS的优势包括：第一，公交线网覆盖广泛、站点资源丰富，可以很自然通过集成单车等辅助出行方式，更好解决最后一公里难题；第二，公交关涉国计民生，需要考虑运营的稳定性和可持续性，所以普遍形成了稳固的国有化机制，相比更不容易有破产清算等风险；第三，MaaS的核心是集成所有出行服务，公交企业在各个城市通常作为单一主体存在，更有全局观和比较优势来承担这一社会责任。

可见，在未来的MaaS体系内，公交企业势必会成为MaaS运营主力。而且，有理由相信，得益于领先的数据能力和数据互通体系搭建，通过将能力输出至更广泛的城市出行基础设施运营和信息服务等领域，MaaS在杭州的落地将独树一帜，为建立可持续发展的城市交通体系补充更多标志性案例（图7-4）。

图7-4　基于数据互通的MaaS体系

2.达成双碳承诺的必由之路

双碳即碳达峰与碳中和的简称。

2020年9月22日，国家主席习近平在第七十五届联合国大会上宣布，中国力争在2030年前二氧化碳排放达到峰值，努力争取在2060年前实现碳中和目标。

2021年10月，《关于完整准确全面贯彻新发展理念　做好碳达峰碳中和工作的意见》以及《2030年前碳达峰行动方案》两个重要文件相继出台，共同构建了中国碳达峰、碳中和"1+N"政策体系的顶层设计，而重点领域和行业的配套政策也围绕以上意见及方案在其后陆续出台，全社会推进绿色低碳循环发展的共识和行动显著增强。

推进碳达峰碳中和是党中央经过深思熟虑作出的重大战略决策，是我国对国际社会的庄严承诺（图7-5），也是推动高质量发展的内在要求。

图7-5　基于数据互通的双碳承诺

相较于工业、建筑等领域，交通领域由于移动性强、排放源分散、社会行为复杂等特点，成为各国实现碳中和愿景目标的重点和难点。且随着经济的发展，汽车将成为最大的能源消费领域，各国政府及产业界日益关注推动整个交通运输行业向低碳方向发展。从各国家在交通运输方面的碳达峰碳中和措施来看，主要体现两大趋势：第一，重视公共交通领域，提高绿色出行品质，在出行空间和路权配置上给予优先权；第二，依托科学技术优化城市交通结构，并提高绿色出行全链条服务体系。

在双碳目标推动下，未来公共交通将得到进一步大力发展，公交、地铁的智慧化程度将会越来越高，网约车、共享单车等也将以更灵活的角色进一步解决"最后一公里"的问题。

值得注意的是，双碳目标的实现不仅是一个行业的问题，而是需要凝聚整个社会的共识合力推动，在其中，数据作为连接器，将发挥不可或缺的作用。如碳账户、碳积分等鼓励绿色出行的探索，碳交易、碳税等支撑体系的构建，有且只有通过数据互通才能实现。

3.通往共同富裕的应有之义

共同富裕是社会主义的本质要求，是人民群众的共同期盼。

2021年5月20日，党中央、国务院印发《关于支持浙江高质量发展建设共同富裕示范区的意见》（以下简称《意见》），这是以习近平同志为核心的党中央把促进全体人民共同富裕摆在更加重要位置所作出的一项重大决策，充分体现了以人民为中心的发展思想，也体现了党中央、国务院对解决我国发展不平衡、不充分问题的坚定决心。

在《意见》中指出，到2025年，浙江省推动高质量发展建设共同富裕示范区将取得明显实质性进展。经济发展质量效益明显提高，人均地区生产总值达到中等发达经济体水平，基本公共服务实现均等化；城乡区域发展差距、城乡居民收入和生活水平差距持续缩小，低收入群体增收能力和社会福利水平明显提升，以中等收入群体为主体的橄榄形社会结构基本形成，全省居民生活品质迈上新台阶。

可以看到，基本公共服务均等化是共同富裕的核心内涵之一。"共同富裕，交通先行"，在2021年年底，交通运输部出台的《交通运输支持浙江高质量发展建设共同富裕示范区的实施意见》明确提出，支持浙江交通创建交通强国建设先行区、交通运输协调发展引领区、文明和谐美丽交通展示区、交通运输深化改革试验区。

在《浙江高质量发展建设共同富裕示范区实施方案（2021—2025年）》中也明确提出，要发展智慧化、均等化公共交通服务，争创"四好农村路"全国示范省，推进通村客运加密提质、客货邮融合和渡运公交化改造，城乡公交一体化率达到85%以上。

事实上，城乡公交一体化的壁垒仍在于数字化水平，近年来，城市交通的数字化水平普遍发展较快，而农村公共交通相对落后是不争的事实。未来，基于数据互通的城乡公交领域数字化平权建设有助于缩小城乡发展差距，实现以城带乡、以城促乡，推动城乡交通一体化发展，便捷城乡交流、加速城乡发展要素间双向流动，促进城乡融合发展（图7-6）。

4.推动文旅融合的关键依托

文旅是交通行业的自然延伸，同时也是公共交通的重要客流来源。杭州公交百年史上首条线路是迄今为止仍在运营的7路公交车——起自城站，途经西湖，终至灵隐，带有鲜明的文旅特征。然后此前囿于自身数据能力不足、人才理念缺乏等客观条件，公共交通在文旅方面的参与仍处于较为初级的阶段，未来这一情况有望得到改善。

由于文旅产业渗透性强且不具有排他性，旅游业业态丰富，可进入性也较强，因此可以在市场开发、营销创新、品牌树立等方面进行融合。例如，通过

图7-6　基于数据互通的共同富裕

服务文旅产业为打造地方品牌赋予文化内涵，潜移默化中提升乘客的认可度；通过分析各细分市场的需求及运行状况对市场加以引导，不断提升文旅产品附加值；借助自有大数据和公共数据推出更具差异化、个性化、高级化的产品。

本质上，文旅融合是利用资源的共享与流动实现价值溢出效应的转换，离不开数据互通带来的协调与创新，因此可以基于制度融合，制定配套政策，进行场景创新，加强行业联动补足短板。比如围绕西湖、运河、数字第一城等品牌资源，打造"机场快车、高铁快车＋文化＋旅游"一体化票务预订体系，为外地游客提供从口岸到景点的全链条的旅游交通综合服务产品，一键实现包括乘车点位置查询、线路出行规划、在线购票、电子客票乘车等服务。

此外，杭州公交历经百年发展，从某种意义上也已经成为文旅资源的一部分，除前文所述的7路，K155所代表的电车历史、WE1314为首的特色线路，也已经融入了杭州城市发展，成为代表杭州特色城市文化的一部分。未来，通过更多丰富的宣传方式，积极推进文创周边开发，以及引入区块链、NFT等前沿技术延伸IP产业链，公交文化的价值发现可以更上一层楼。

文旅深度融合发展前景广阔，随着文旅一体化高质量发展的推进，未来公交在这一领域的尝试也能为与其他行业的融合路径提供理论参考与实践经验（图7-7）。

不独于前文所提及的MaaS体系构建、双碳目标达成、助力共同富裕以及推动文旅融合，数据能力是连接所有行业的基础，通过提高自身数据能力，打造多类型数据互通场景，未来公交可以连接各行各业，助力相关产业蓬勃发展。

图7-7　基于数据互通的文旅融合

第三节　基于车路协同的智能驾驶

在国家的"十四五"规划中，强调了车路协同在自动驾驶发展中的战略意义，未来中国将履行"单车智能＋车路协同"双轨并行的战略，打造更可靠的自动驾驶实施场景，因此路侧数字化、智慧化建设具有重要意义。近期，交通运输部又发布了交通运输领域新基建行动方案，专门部署了智慧公路的建设行动，旨在提升公路基础设施全要素、全周期数字化水平和公路信息服务的能力，不断丰富车路协同的应用场景。

值得一提的是，车路协同自动驾驶被认为是提升自动驾驶安全性的一条可行道路。所谓车路协同自动驾驶，是指在单车智能自动驾驶的基础上，通过车联网将"人—车—路—云"交通参与要素有机联系在一起，助力自动驾驶车辆在环境感知、计算决策和控制执行等方面的能力升级，加速自动驾驶应用成熟。

基于车路协同的智能驾驶公交车分为L3级和L4级，是采用5G信号覆盖、车路协同、人工智能等先进技术，结合智慧站台、智慧场站等一体化管控系统，实现驾驶车辆智能监控、安全预警和与其他社会车辆的同域协同运营的城市载客机动车辆。

如今，车路协同在政策端和技术端迎来双利好，伴随着汽车产业"智能化、网联化、电动化、共享化"的发展趋势和5G通信网络的广泛应用，车路协同技术将成为推动智能汽车、交通管理、交通运输和智慧出行信息服务等相关产业发展的核心推动力，产业前景十分广阔。《中国智能交通产业生态发展战略研究》报告指出，得益于5G、自动驾驶、车路协同等技术，我国智能交通将进入大规模商业化阶段。到2035年，我国智能交通产业生态将保持全球领先水平。

未来的道路不仅是数字化的，交通管理、运行机制也都要随着高级别自动驾驶的到来而发生变化。车路协同技术可以更好地支撑自动驾驶的规模化落地应用，也将重构智能汽车、车联网和智能交通运营服务等新兴业态。

VIII

第八章

公交数字化的应用案例

第一节　线网优化　数字决策

　　杭州公交紧紧围绕"轨道交通为主干，地面交通为基础"的指导思想，以打造"智慧公交"为突破口，积极优化线路网络，通过线路局部调整，处理好与邻近地铁线的关系，加强地铁盲区覆盖；优化线路走向，减少迂回，加强对热点新区的基本覆盖；优化长距离线路运营模式，根据市民出行需求，提升快线运营速度；通过与其他线路的结合，提升重点区域服务水平；调整线路运营时段，更加契合线路实际客流出行需求等五大类线网整体优化方案。

一、干支结合，优化公交基础线网

　　2021年6月30日起，杭州公交在市交通运输局的指导下，在交警及世纪城、滨江等属地政府的支持下，通过大数据平台的客流分析，实地勘探线路走向、站点布局，制定了《"三城融合"公交体系配套方案》，通过新辟优化6条公交线路，布设以钱塘江为东西轴，南北两区域"一江两主四支拥江相融"的地面公交线路网络，构建高品质、人本化的公共交通出行链。

　　1.主轴线两条跨江，加速"三城融合"

　　杭州公交依托计划，于2021年通车的博奥隧道开通了533路、537路两条主轴线（图8-1），主要解决地铁不能到达区域的通勤出行。

　　其中，533路由城站火车站始发，途经钱江世纪城板块，终点位于萧山区市北板块；537路由庆春广场始发，经钱江世纪城核心区域后，串联萧山区兴议板块和滨江区物联网区域（图8-2）。

　　2.支线专注地铁接驳

　　本次"三城融合"中新增的531M路、791M路、792M路、1505M路4条支线，充分考虑市民出行体验，充分优化地铁公交接驳特性，多层次地打造生活和工作并存的城市公共交通网络体系。

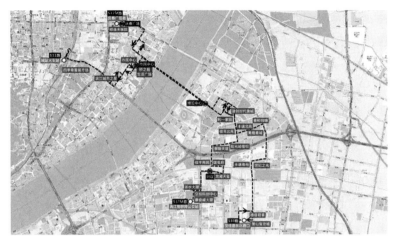

图8-1 533路、537路的线路走向示意

线路	起讫点	线路走向	停靠站点	途经主要小区、写字楼、商场	开通时间
533	城站火车站至友佳路乐达路口	城站火车站始发，经环城东路、清泰拼宽桥、清江路、钱江路、城星路、市民街、解放东路、新业路、富春路、博奥隧道、博奥路、奔竞大道、书香路、盈丰路、飞虹路、民和路、振宁路、金鸡路、友佳路至友佳路乐达路口	总管塘、观音塘思安坊、钱江路城星路口（往友佳路乐达路口方向）、市民街城星路口（往友佳路乐达路口方向）、市民街解放东路口（往友佳路乐达路口方向）、市民中心（往友佳路乐达路口方向）、市民中心·森林公园（往城站火车站方向）、市民街城星路南口（往城站火车站方向）、国际博览中心东、书圣路利丰路口（往友佳路乐达路口方向）、盈丰飞虹路民和路口、飞虹路金鸡路口、飞虹路民和路口、民和路飞虹路口、振宁路金鸡路口、明怡花苑东（往城站火车站方向）、建设二路明星路口（往城站火车站方向）	●写字楼：途凯城国际、高德置地广场 ●小区：滨江城市之星、融创时代奥城、利一家园、佳北北苑、丰瑞北苑、奥恩美城、春和晓璐、万科大家世纪之光、嘉信嘉家 ●商场：砂之船奥莱莱广场、萧山宝龙城	待博奥隧道通车后开通
537	庆春广场南至滨江物联网公交站	滨江物联网公交站始发，经协同路、月明路、风情大道、建设四路、博奥路、文明路、利丰路、扬帆路、盈丰路、书香路、奔竞大道、金鸡路、利二路、博奥路、博奥隧道、新业路、民心路、江锦路、钱江路、庆春东路至庆春广场南	庆春隧道西口（往滨江物联网公交站方向）、地铁庆江路站（A、C）、钱江路江锦路口、江锦民心路口（往庆春广场南方向）、民心路北大门（往庆春广场南方向）、市民中心北大门、国际博览中心东、金鸡路奔竞大道口（往滨江物联网公交站方向）、书香路盈丰路口、盈丰利丰路口、盈丰飞虹路民和路口、扬帆路守信路口、扬帆路博奥路口、利丰路丰巨路西路口、地铁兴议站（临时停靠站）、协同路月明路口	●写字楼：杭州交投创中心、康奋大厦 ●小区：湘云雅苑、龙湖天璞、柏峰晓忆苑、佳丰南苑、景瑞天城、阳光栖碧悦、佳北北苑、丰瑞北苑、融创时代奥城、旭辉奥体都会山、利二花苑 ●商场：来福士中心、万象城、庆春银泰	待博奥隧道通车后开通

图8-2 533路、537路的主要停靠站点

531M路、791M路、792M路3条支线覆盖钱江世纪公园、学军中学钱江世纪城校区，并连接了即将开业的省妇保钱江院区、杭州SKP等项目，为广大市民打造集通勤、休闲、上学、就医为一体的公共交通体验（图8-3）。

图8-3 531M路、791M路、792M路3条支线服务覆盖区域

在滨江奥体城的线路布局上，除新增531M路外，对既有的1505M路也进行了升级改造（图8-4），一是线路服务时间大幅增加，运营时间由原本的早晚高峰调整为13个小时；二是线路走向略作调整，途经年内开业的滨江银泰。

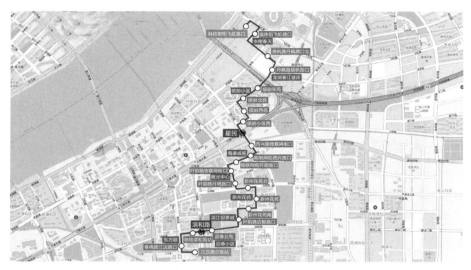

图8-4　提升后的1505M路服务覆盖范围

交通出行体系的不断完善，杭州公交将加快建立大数据综合运营管理平台，提升公交智慧化运营服务能力，打造数字公交、智慧公交。通过数据平台的技术支撑，优化公交线路网络，推进城市外围公交快线网的搭建，加密支路改善城市微循环，引导公交线网深入"毛细血管"打通公共出行的"最后一公里"难题等，充分发挥了地面公交可变性和再塑性的两大特性，提高公交分担率，提升乘客乘坐体验感。

二、分层递进，丰富接驳线路结构

为合理解决地铁站周边的公交接驳问题，采取了多种形式地铁接驳线相组合的模式。例如白洋地铁站，通过开通1205M路和1207M路"家门口"的公交线实现近距离接驳，服务地铁口的"最后一公里"；开通1216M路实现中距离接驳，缓解地铁口违停乱象，服务地铁口中距离居住区市民出行；调整97路实现远距离接驳，缩短在途时间，为地铁口远距离居住区市民送福利。针对不同的接驳需求，配套相应的地铁接驳线模式，满足周边群众出行需求，力争减少地铁站周边的共享单车，减少市民乘客的在途时间，实现"还时于民"。

（1）近距离接驳，1公里覆盖到位，发挥"段、频、快"作用。开通1207M路——良和雅苑地铁接驳线，填补该小区与白洋地铁站的接驳，同时，优化调整1205M路（原公交数字接驳3号线），并线路根据时段性客流情况不同，早高峰起点站设置在小区门口，晚高峰起点站设置在地铁口（图8-5）。

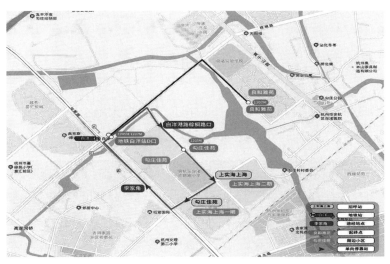

图8-5　白洋地铁站段距离接驳服务区域

（2）中距离接驳，开通1216M，满足白洋地铁站为中心向外辐射500m～1.5km、处于第二圈层的客流需求，缓解地铁口违停乱象，服务地铁口中距离居住区市民出行（图8-6）。

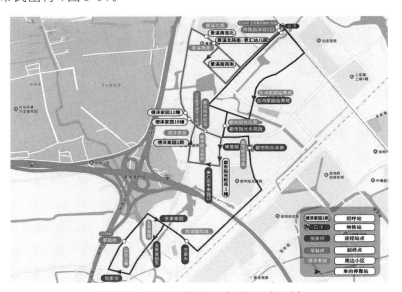

图8-6　白洋地铁站中距离接驳服务区域

（3）长距离接驳，莫干山路沿线，勾庄—良渚—天阳沿线前往主城区的市民朋友们跨区域距离长，大多选择私家车的出行方式，又恰逢莫干山路段施工，极易造成交通堵塞，等候通过时间大大加长。基于以上情况，杭州公交经过多次踏勘综合考虑后，优化调整97路，打通三墩北、白洋地铁站，天阳棕榈湾、农副物流的换乘接驳功能。增加该方向至白洋地铁站地铁接驳线。

三、穿梭巴士，方便区域内部出行

在地铁3号线开通后，杭州公交依托公交数据大脑（图8-7），针对丁桥区域出行特征分析，发现丁桥区域内部短距离出行需求较大。

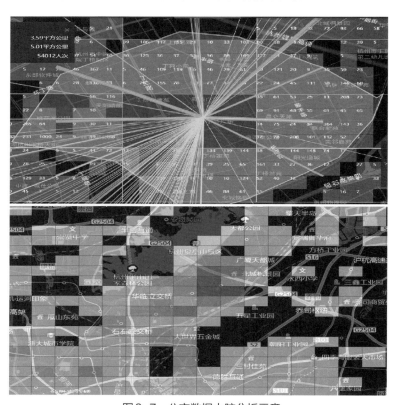

图8-7　公交数据大脑分析示意

2022年6月1日，杭州公交通过多次线上线下相结合的模式调研需求，创新开通无固定走向、无固定站点的区域穿梭巴士——丁桥小蓝巴（图8-8），串联市民各生活场景，为出行提供便利。运行十余天来，深受丁桥居民喜爱，日均客流已突破1500人次。

图8-8　丁桥小蓝巴

四、公交快线，解决高峰通勤出行

随着城市化进程的不断加快，市民的通勤距离随之也变得越来越长，如何让市民长距离出行"快"起来，是杭州公交发展中充分考虑的一项因素。近年来，杭州公交通过分析外围城区客流特征，结合公交大数据分析，在构建"短"距离地铁接驳线、社区微公交体系的基础上，还推出了一批跨越站点、走快速路的"公交快线"，迅速、准确地将外围居住的大量市民运送到了目的地，得到了沿线乘客的好评。

杭州公交目前已有快线已达42条，通达全市十个行政区，主要服务于外围"星城"与核心城区间的有效联动。"加速模式"每天为市民节约通勤近15分钟（图8-9）。

图8-9　杭州公交快线

2020年年底，连接富阳、之江、滨江三地的地铁6号线开通，之江板块往城西及黄龙区域通勤存在地铁线网空白，杭州公交通过紫之隧道通行的快线504路便解决了这一地铁盲区（图8-10）。

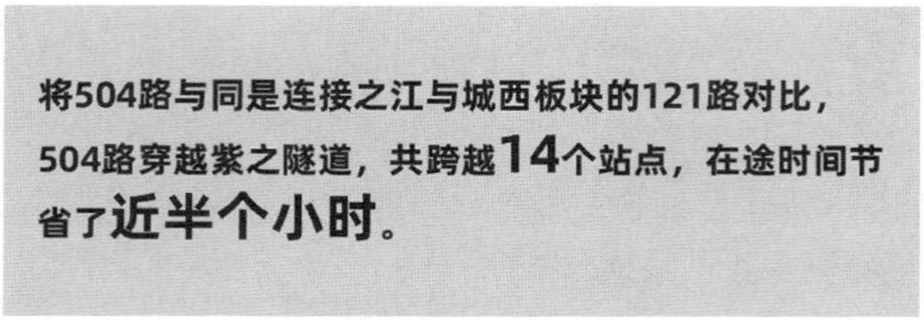

将504路与同是连接之江与城西板块的121路对比，
504路穿越紫之隧道，共跨越14个站点，在途时间节
省了近半个小时。

图8-10　快线504路

充分利用既有快速路网的高架、隧道、跨线桥等地通行，是公交快线得以速度保障的前提。除本周三开通的江南大道隧道外，现有的42条公交快线已完全覆盖杭州“四纵五横”快速路网，如图8-11所示。

塘栖
临平
瓶窑、良渚
崇贤、康桥
三墩
丁桥、长睦
下沙
至临安
老余杭、闲林
转塘
富阳
义桥

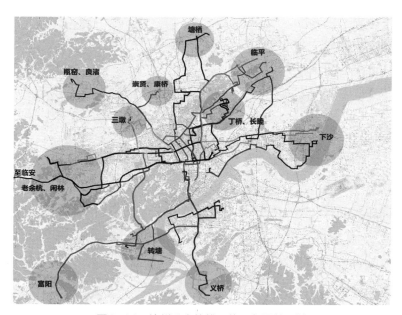

图8-11　杭州公交快线网络服务覆盖区域

五、错峰错站，提升公交运营效率

根据乘客时段性的出行特点及方向，设置走向不同，给乘客更好的出行体验。

2022年5月，杭州公交依托公交大数据平台客流分析数据，以客流需求为导向，在新天地区域推出"错峰错站"式的地铁接驳线1104M路（图8-12、图8-13），这种"错峰错站"式地铁接驳线在杭州乃至全国同领域也是一种创新型线路模式。

该线早高峰从西文街公交站始发后，将附近的居民接驳至地铁西文街站。

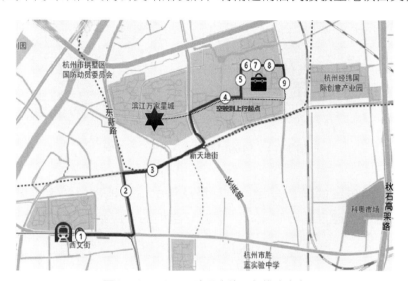

图8-12　1104M路早高峰下行线路走向

因为早高峰从写字楼区域前往地铁口的客流极少，所以，车辆下客后会向西"空跑"一段路程，然后再载客返回。

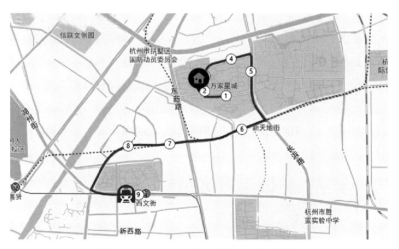

图8-13　1104M路早高峰上行线路走向

晚高峰同理，主要客流是从西文街公交站接驳下班回家的市民乘客（图8-14）。

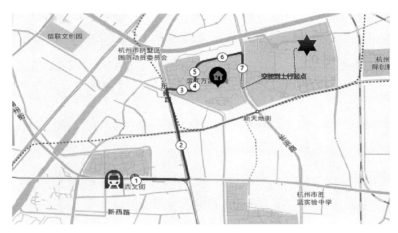

图8-14　1104M路晚高峰下行线路走向

如果按照传统的运营方式，晚高峰从住宅前往地铁口的客流需求极少，所以公交将回程起点进行了东移，连同写字楼的市民乘客一起接驳至地铁口（图8-15）。

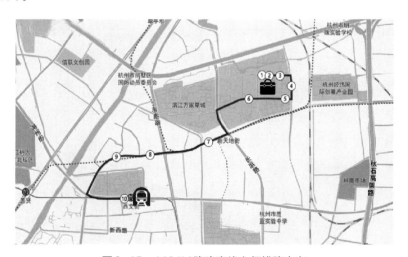

图8-15　1104M路晚高峰上行线路走向

六、多措并举，赋能街区交通治理

四季青区域在调整前，存在公交站点设置偏远、线路迂回，乘客在途时间长，街区公交服务覆盖存在薄弱环节三个问题，乘客乘坐体验感较差。

存在问题一：公交点设置偏远、线路迂回，如图8-16所示；

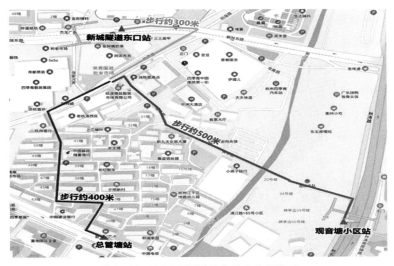

图8-16 四季青区域公交站点步行路线

存在问题二：乘客在途时间长；

存在问题三：街区公交服务覆盖存在薄弱环节，如图8-17所示的1006路公交路线详情。

图8-17 1006路公交路线详情

四季青街区市场从业人员出行区域统计和热门出行小区统计分别如图8-18和图8-19所示。

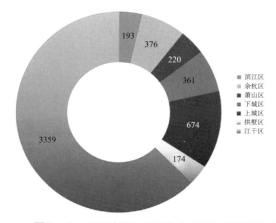

图8-18 四季青街区市场从业人员出行区域统计

热门出行小区		
区域	小区	人数
江干区	九堡客运中心周边	388
	和谐家园	194
	昆仑红苹果	114
上城区	婺江三园	178
	望江家园	72
	近江家园	47

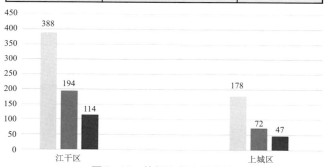

图8-19 热门出行小区统计

2020年，为进一步方便四季青街区乘客乘坐公共交通，缓解街区交通拥堵状况，公交集团通过线上发放问卷，并结合各种交通流的到发数据，精准掌握四季青街区交通流的来源地和目的地，并根据大数据开通两条社区微公交、一条定制专线、一条穿梭巴士，缓解了四季青街区的交通压力，受到了四季青街区的从业者、购物者的好评。

街区优化举措一：通过新增3处公交站点提高街区核心公交覆盖（图8-20）。

图8-20　新增公交站点示意

街区优化举措二：开发"四季青街区"出行预约平台（图8-21），截至3月28日，3条专线（环北市场、九堡区域和火车东站）日均客流达881人次。

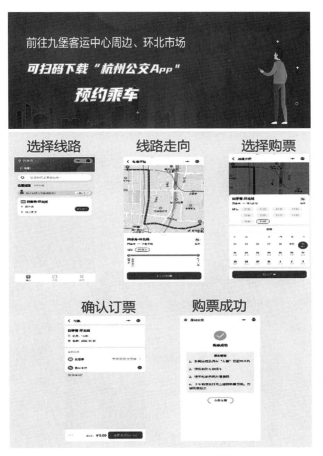

图8-21　"四季青街区"出行预约平台

街区优化举措三：优化线路走向。1006路优化线路走向，调整上客点，缩短运营公里由4.1公里缩短为2.5公里，提升运营效率40%；调整发车时间，1607路和谐嘉园北苑首班班车由6:00提前至5:45，四季青首班班车由6:25提前至6:10，1006路及1607路班次间隔加密，高峰间隔由15分钟缩短至10分钟，1006路客流从调整前日均100余人次增长至600余人次，1607路客流从调整前日均120余人次增长至1000余人次（图8-22）。

图8-22　1006路公交和1607路公交

街区优化举措四：新辟线路，自3月24日起，开通325B路，将四季青与4号线市民中心地铁站、九堡地区联系在一起，开通1007路（图8-23），婺江家园一园至四季青的通勤公交线，满足上城区婺江家园小区一带前往四季青上下班的需求。

图8-23　1007路公交

七、接驳换乘，赋能景区交通治堵

近年来，通过大数据分析，杭州公交在西湖景区陆续开通"双西三环三线"（图8-24）、"数字旅游专线""太子湾地铁接驳线"等定制专线21条，减少了中途换乘，实施点到点出行服务。

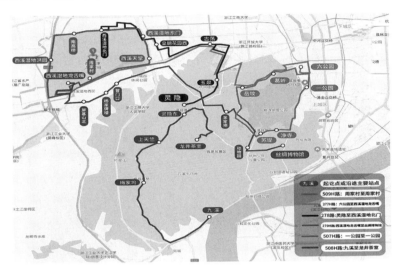

图8-24 "三环三线"服务区域

2022年春季客运期间，为进一步缓解景区交通拥堵，加强景区与地铁的连接，提升公交线路的景区出行分摊率，助力市民便捷游览西湖景观，杭州公交推出4条由景区周边地铁站开往西湖南线的直达地铁接驳线，串连地铁1、2、4、5、6号线的6个地铁站。日均运送乘客1.4万人次，进一步提升了景区公交出行的分担率。

例如，太子湾地铁接驳5号线的线路走法优，规避堵点出行畅（图8-25）。杭州公交集团在治堵办、交警、景区管委会的协调下，运用"智慧公交"研究了景区的交通出行现状，选择了较为通畅的万松岭隧道、中河路等道路，规避了南山路万松岭路口交通堵点，提升运营效率，减少乘客在途时间。以连接城站、候潮门站的太子湾5号线为例，从城站出发，20分钟即可到达太子湾公园，而从候潮门地铁站到达太子湾公园的时间只需要15分钟左右，速度远快于常规公交（图8-26）。与私人小汽车相比，太子湾5号线的运送速度要比小汽车至少快一倍以上。

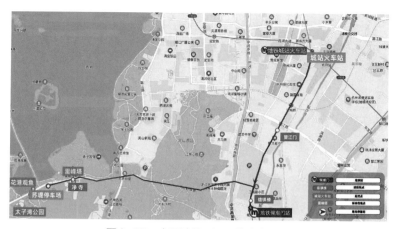

图8-25　太子湾接驳5号线走向示意

图8-26　太子湾接驳5号线串联的地铁站和公交车站

2022年3月，结合地铁7号线吴山广场站的启用，作为距离西湖景区最近的地铁站，通过"大数据平台"客流预测，该站将成为前往西湖景区的主要换乘站。为进一步强化"公交＋地铁"的绿色出行模式，优化景区公交线网，杭州公交增开吴山广场地铁站始发，连接南北景区的4W路和7W路。

地铁7号线跨越钱塘—萧山—上城3区，串联地铁8号、6号、4号、9号、5号线，吴山广场地铁站将成为前往西湖景区的主要换乘站（图8-27）。

将吴山广场地铁站打造为景区公交线网中西湖南线、北线与地铁网的交汇点。通过线网规划和实地勘探，在保持既有4路（龙翔桥至转塘）、7路（城站火车站至灵隐）这两条通往景区主干公交基本不变的基础上，增开由吴山广

图8-27　吴山广场地铁站

场地铁站始发的4W路和7W路。

4W路由吴山广场开往九溪，途经14个西湖南线主要停靠站点（图8-28）。

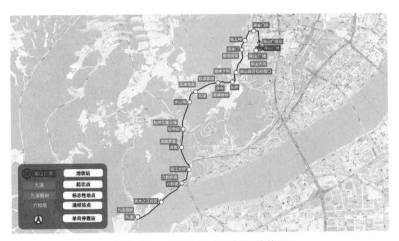

图8-28　4W路线路服务覆盖范围

7W路由吴山广场开往灵隐，途经7个西湖北线主要停靠站点（图8-29）。

增开的4W路和7W路，和原4路、7路之间形成相互补充的运营模式。4路撤销南山路万松岭路口、长桥、钱江大桥、六和塔、浙大之江校区等站点，以进一步方便之江区域的居民出行，撤销的站点沿线乘客可以乘坐4W路出行；7路保持不变，7W路将作为它的大站线，沿途只停靠7个大站（图8-30）。

由于交通出行体系的不断完善，杭州公交将加快建立大数据综合运营管理平台，提升公交智慧化运营服务能力，打造数字公交、智慧公交。通过数据平台的技术支撑，优化公交线路网络，推进城市外围公交快线网的搭建，加密支路改善城市微循环，引导公交线网深入"毛细血管"并打通公共出行的最后一

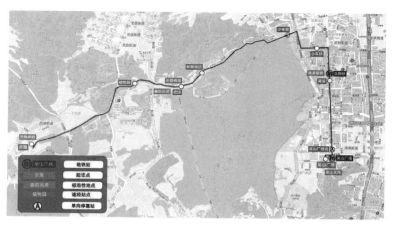

图8-29　7W路服务覆盖范围

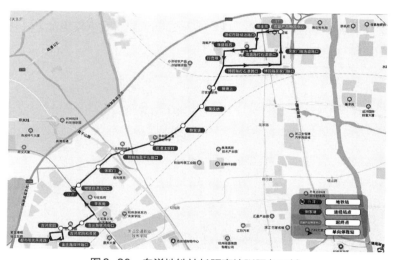

图8-30　白洋地铁站长距离接驳服务区域

公里难题等，充分发挥了地面公交可变性和再塑性的两大特性，提高公交分担率，提升乘客乘坐体验感。

第二节　信息服务　数据共享

公交时刻化提升乘客出行体验：广大乘客可在公交App移动客户端、公交站台电子站牌、车载电子屏等终端便捷掌握公交时刻化信息，同时还可以通过微信小程序对着站牌上的二维码扫一扫了解车辆发车时间。截至2020年11

月，经过公交时刻化治理的杭州公交线路，准点率提升到76.17%。

1."数字交通＋公交优先"助力市民安全出行

根据相关分析，目前杭州市区近郊的部分区域因为地铁、公交等公交站点与住宅小区、写字楼等距离较远，不少市民往往需要借助电动自行车或其他交通方式才能到达目的地。而由于城市近郊路口大、车速快，涉及电动自行车的道路交通事故时有发生。

为此，根据杭州市优先支持发展地铁、公交等大容量、便捷、高效、绿色公交的城市公交综合治理思路，杭州交警提出了"以地铁为主线，以站点为圆点，以公交为辐射面的公交服务体系"，会同滴滴出行提供全方位的技术支持，由杭州公交集团开展线下运营，推出了"数字预约公交"服务。

2."需求定制＋资源共享"提升公交分担

"数字预约公交"是"资源共享"理念在公交领域的一次全新拓展尝试。

区别于固定路线和班次的常规公交服务，"数字预约公交"根据市民个性化出行需求，灵活调整公交运力，针对客流和虚拟站点，实时计算最优路径，快速进行公交资源动态调配，实现效率最优，做到"线上预约、选点上车、动态线路"，力求"因需求而生，随需求而变"。

目前推出的5条线路，均采用预约方式乘车。市民可通过微信"滴滴出行"小程序，根据目的地选择预约线路，在推荐的"上车点"中，选择距离自己出发地点最近的一个点，确定出发时间与乘车人数，在确认无误后，发起"预约拼车"下单，线路拼成后，将会收到"拼车成功"的通知，并可随时查看行程详情和车辆实时位置，同时提前到站候车即可。

如图8-31所示为数字预约公交流程示意。

按此方式，由以往的"掐点"坐公交变为"选点"坐车，市民个人的出行时间、上车地点都能自由选择，最大限度地减少了乘客候车的时间成本，出门就像有了"专属公交"，有效提升了公交分担率。

3."用户调查＋个性服务"

据调查，"数字预约公交"的创新服务理念受到了广大市民尤其是年轻人的欢迎。

为服务更多市民，在试运营期间，杭州公交集团已在市民乘客中收集了更全面的出行需求。滴滴出行也将根据用户反馈，助力公交后续调整、完善线路和车辆班次。同时，杭州公安交警部门将结合日常交通管理的分析研判，进一

预约流程

01　扫描小程序码，或微信搜索栏输入『滴滴动态公交』

02　选择线路区域，输入目的地选择下车点，系统自动匹配距离最近的公交点做为下车点，确认后去预约

03　拼车成功后请及时留意行程详情和小程序提示信息，查看车辆实时位置

建议您提前到达指定上车站候车，如迟到您的预约将被取消

客服电话：4000-000-999-4-2　　客服时间：工作日 9:00-18:00

图8-31　数字预约公交流程示意

步提供站点设置、线路走向的精准依据，确保做到该服务的实际推行与市民出行需求动态匹配，确保线路更安全、更畅通、更便捷，促使公交服务走向个性化、精准化。

第三节　线上线下　融汇互通

　　截至2022年年底，杭州公交服务杭州市区16850平方公里，拥有公交线路1159条、运营车辆10447辆、公交站点16109座，公交线网长度4316.83公里，线路总长度20545.14公里，日均客运量414.45万人次，万人拥有车辆数11.98标台。

　　随着信息技术的不断迭代，5G标准的逐步完善和商用网络的建成，大带

宽、高速率、低时延的网络性能将进一步赋能数字孪生智能交通系统的升级。2019年年初，杭州公交集团确定开发公交云调度系统建设，构建公交数据大脑，通过数据智能来解决影响因素多、过程繁杂的公交调度系统的数值化改造，推行自动计划、智能排班、动态调度、运营分析、实时客流预警、数据共享等，实现城市公共交通行业数字化转型升级，数智赋能不仅让公交运转效率更高，还让公共服务前移。

杭州公交数据大脑可充分利用公交运营所产出的线路数据、排班数据、GPS数据、支付数据、CAN数据等，结合路网数据、路况数据、全域交通数据、互联网数据等，运用云和大数据技术，对数据进行清洗、融合等处理，并结合业务需要建立数据模型，实现对客流数据、运营数据分析，建立公交数据大脑，为公交的运营决策和运营调度提供直观数据支持。通过采集车辆北斗/GPS定位信息和车载机到离站上报定位信息，有效提高车辆位置的准确性和到离站报站精度，可直观查看车辆车型、实时运送人次、行经轨迹、预测到达时间等数据，为调度员动态调度车辆运营提供依据，减少乘客候车时间，平衡车厢满载率。

1. 线路走向及站点的优化调整

原595路车由通盛路之江东路口开往下沙银沙路公交站，分圈里程为20.9公里，发车间隔在15～30分钟，日均客流量在433人次左右。由于线路长，周转速度慢，乘客候车时间较长，因此关于增加班次或调整线路走向的意见和建议在日常的信访来件中也大量体现。

为构建"一核九星"新型特大城市空间格局，使行政区划调整过后的公交线网服务供给与市民的日常出行需求更相匹配，市交通运输管理部门、市公交集团发布了10条"亟待优化"线路意见征集新闻发布会后，自2021年7月7日起至2021年7月12日期间，通过公交服务热线85191122、公交官方微信、官方微博、官方网站这些传统途径，共收到247条出行意见建议，其中涉及595路的32条，排名第二。

（1）现状公交线网及客流分析

通过云公交系统客流分析以OD查询，悦麒美寓、阳光国际、江岸邻里等地居民选择595路前往客运中心换乘地铁或购物休闲的乘客较多，但线路东段客流低迷。原595路在下沙区域与地铁1号线存在重复段，造成公交运力浪费（图8-32、图8-33）。

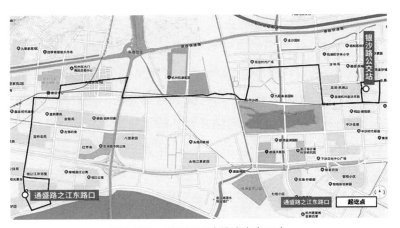

图8-32 原595M路线路走向示意

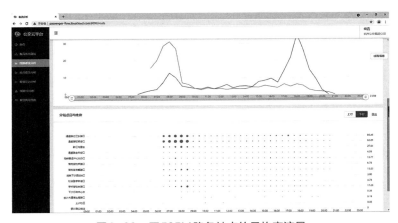

图8-33 原595M路各站点的日均客流量

（2）出行需求匹配

在32条征集意见中，有居住在天珀府小区的市民反映，该小区存在"公交孤岛"（图8-34），出门乘坐公交特别不方便。通过公交小灵通现场走访发现，天珀府小区一侧是东湖高架；另一侧是地铁九号线轨道。该小区附近并没有公交站，距离该小区最近的公交站，往南要步行至德胜东路，往西北方向最近的公交车站红星嘉园四区，距离也有850米左右。此外，距离小区最近的地铁站乔司南站，也有一公里多。因此对小区居民而言，公共交通出行的确不便。

经过公交集团多次踏勘现场，并积极与有关部门协调，经行业主管部门批准，2021年8月7日作为首批实施调整的公交线路595路，最终将线路编码调整为1712M路（图8-35），从圆梦园开往桑埠街（即天珀府小区），这样既方便

图8-34　天珀府小区"公交孤岛"

了沿线小区至客运中心换乘地铁，又加强了蓝桥名苑、江岸邻里、阳光国际等小区与地铁接驳的服务能力。调整后的1712M路分圈公里为5.6公里，高峰发车间隔由原来的15分钟加密至10分钟以内，平峰发车间隔由原来的30分钟加密至15分钟以内。调整后短短一个月内，日均客运量增加至578人次左右；最高一天日均客流量达788人次（图8-36）。

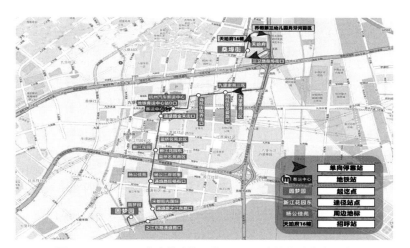

图8-35　原595路改线路编码为1712M路的线路走向示意

图8-36　1712M路线路的日均客运量，最高一天日均客流量达788人次

2. 1104M路的公交小灵通群

为了配套服务地铁5号线与小区、园区的接驳，根据市民出行的需求和规律摸排及大数据运算，2020年5月22日，杭州公交推出全国首条"错峰错站"式的1104M路地铁接驳线，它的线路设置完全以客流需求为导向，在运营时间、线路走向上进行创新，突破了原本A点到B点循环的模式，首创"上下行起讫点不一致"模式（表8-1）。

1104M路早晚高峰起讫点、线路走向、停靠站点和发车时间　　　表8-1

方向	起讫点	线路走向	停靠站点	发车时间
早高峰下行	地铁香积寺路站—费家塘路东文街口	竹桂弄、众贤路、颜三路、白石巷、西文街、东新路、新天地街、长浜路、东文街、永福桥路、新北街、费家塘路。车辆到达终点后通过费家塘路、东文街至上行起点	观城实验学校（招呼站）、灯塔新村、香石公寓（招呼站）、王子塘、地铁西文街站、西湖漾河桥、西文村、东文街永福桥路口、世嘉铭座8幢（招呼站）、新北街永福桥路口、世嘉铭座2幢（招呼站）、世嘉铭座4幢（招呼站）	7：20—10：20（7：20—9：20发车间隔10分钟，9：20—10：20发车间隔不大于12分钟）
早高峰上行	东文街长浜路口—地铁香积寺路站	东文街、新北街、长浜路、新天地街、东新路、西文街、白石巷、颜三路、东新路、竹桂弄	万家星城东区15幢（招呼站）、万家星城东区23幢（招呼站）、西文东苑（招呼站）、褚家桥、西文村、西湖漾河桥、地铁西文街站、王子塘、香石公寓（招呼站）、灯塔新村、观城实验学校（招呼站）	7：00—10：00（7：00—9：00发车间隔10分钟，9：00—10：00发车间隔不大于12分钟）

方向	起讫点	线路走向	停靠站点	发车时间
晚高峰下行	地铁香积寺路站—褚家桥	竹桂弄、众贤路、颜三路、白石巷、西文街、东新路、东文街、新北街、长浜路。车辆到达终点后通过长浜路、东文街、永福桥路、新北街至上行起点	观城实验学校（招呼站）、灯塔新村、香石公寓（招呼站）、王子塘、地铁西文街站、西湖漾河桥、西文村、万家星城幼儿园（招呼站）、万家星城东区15幢（招呼站）、万家星城东区23幢（招呼站）、西文东苑（招呼站）	16：20—20：20（16：20—17：20、18：50—19：50发车间隔不大于12分钟，17：20—18：50发车间隔10分钟，18：50—20：20发车间隔15分钟）
晚高峰上行	新北街永福桥路口—地铁香积寺路站	新北街、费家塘路、东文街、长浜路、新天地街、东新路、西文街、白石巷、颜三路、东新路、竹桂弄	世嘉铭座2幢（招呼站）、世嘉铭座4幢（招呼站）、费家塘路东文街口、东文街费家塘路口、东文街永福桥路口、西文村、西湖漾河桥、地铁西文街站、王子塘、香石公寓（招呼站）、灯塔新村、观城实验学校（招呼站）	16：00—20：00（16：00—17：00、18：30—19：30发车间隔不大于12分钟，17：00—18：30发车间隔10分钟，19：30—20：00发车间隔15分钟）

（1）"V"字分段，通勤接驳，针对不同人群的出行需求进行量身打造

该线西段途经的香源公寓、西文北苑、漾河公寓等住宅区，在早间有前往西文街地铁站换乘地铁的客流，东段的万家星城、西文东苑也有至地铁站换乘的需求。费家塘路、东文街一带作为新天地板块写字楼集聚区，其早高峰的客流是从地铁站至写字楼，而早高峰时段从新天地的写字楼需求很少（图8-37）。

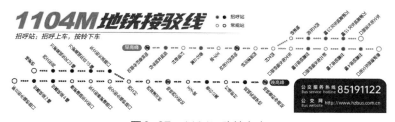

图8-37　1104M路站名表

（2）"公交小灵通"持续在线，服务沟通源头减量

为了能让传统的公交车更贴近乘客群体，1104M路在车上设置有二维码，乘客可以通过扫码加入"1104M粉丝团"，这是"公交小灵通"的雏形之一。凡是针对1104M路的咨询、寻物、建议、投诉、表扬都可以在群里留言，这是一个存在于线上的公交服务热线（图8-38）。开通至今，1104M路的信访来件（含建议件）一共只有24件，而日常的基本诉求，乘客们都能在"1104M粉丝团"微信群里得到即刻解决。

图8-38　1104M路微信群内咨询、寻物、投诉、表扬

（3）出门见站，无缝对接，服务再升级至"错峰错站2.0"版

经过一年运营培育，1104M路深受万家新城、新天地、西文北苑等地乘客的欢迎，日均客流量从151人次上升至1089人次，根据公交大数据平台以及"1104M粉丝团"的建议收集，2021年4月11日起1104M路再次升级。一是延长服务时间，由法定工作日早晚高峰扩展至双休、节假日；二是优化线路走向，根据大数据分析结果，原1104M路有96.77%乘客的乘距在西文街地铁站至新天地—万家新城之间。将起终点站的一头原香积寺路地铁站缩短调整至西文街地铁站，既加快了车辆周转率，又提高了1104M路的运行效率；三是增加服务范围，新增白石巷东新路口、西文西苑两个站点，让漾河公寓、西文西苑等小区的居民也可以乘坐1104M路至地铁西文街，实现无缝对接（图8-39～图8-41）。

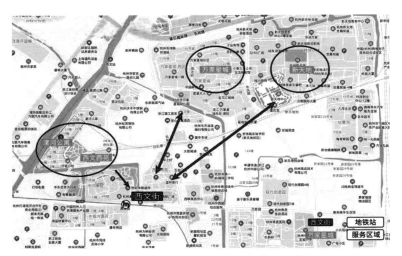

图8-39　1104M路调整后的服务范围示范图

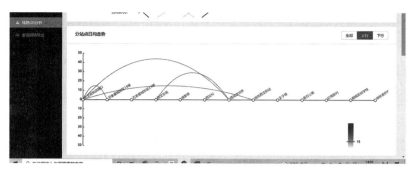

图8-40　1104M路调整前的早高峰客流乘距图

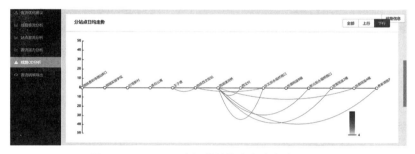

图8-41　1104M路调整前的晚高峰客流乘距图

（4）新款站牌实时发布班次发车时间

1104M路推出了新款电子站牌，其结构简单，易于安装，采用太阳能供电技术、无线物联网信息传输加墨水屏的显示设计适合各种道路环境；而在功能上，会根据调度安排动态提醒候车乘客发车时间，更实用、更美观，提高了乘客的候车信心（图8-42）。

图8-42　1104M路的新型墨水屏站牌

3.实施效果

（1）信访减量，提升了乘客满意度

这得益于"公交小灵通"与社区的紧密联系，从前期的现场踏勘与市民深度交流到后期大数据分析市民出行强度及特点，这之中我们看到了"大数据"与"小灵通"相结合的成果。

通过信访数据对比：2018年，杭州公交共受理各类信访件总数共359805件。其中，咨询317713件，建议6620件，班次间隔3809件；2019年，公交云调度系统使用后，受理各类信访件总数共296748件。其中，咨询255169件，建议6047件，班次间隔3111件。由此数据可见，群众信访问题一直在下降趋势，智能云公交系统的应用，不断地在提升乘客出行的幸福感、舒适感。由技术创新实现管理创新，由科学创新实现服务创新；由信息化而智能化，由数字化而智慧化，全面赋能，提质增效，打造出与时俱进、契合杭州公交现状和特点的数字化发展、转型、创新之路。

（2）公交云系统的运用与推广

依托线网区域分析识别出该路段途径线路，结合人工经验及客流分析系统确定骨干线路，精细分析通道中其他线路，形成多点接驳、多方向串联、无缝衔接的廊道公交体系。截至2021年9月，国内包括杭州、济南、昆明、威海、舟山、温州、上饶等地公交已完成公交数据大脑建设，精准线路客流OD数据、路况数据在公交线网优化及运力科学投放方面起到了重要作用。

（3）实践的意义

系统可充分利用公交运营所产出的线路数据、排班数据、GPS数据、支付数据、CAN数据等，结合路网数据、路况数据、全域交通数据、互联网数据等，运用云和大数据技术，对数据进行清洗、融合等处理，并结合业务需要建立数据模型，实现对客流数据、运营数据分析，建立公交数据大脑，为公交的运营决策和运营调度提供直观数据支持。通过采集车辆北斗/GPS定位信息和车载机到离站上报定位信息，有效提高车辆位置的准确性和到离站报站精度，可直观查看车辆车型、实时运送人次、行经轨迹、预测到达时间等数据，为调度员动态调度车辆运营提供依据，减少乘客候车时间，平衡车厢满载率。

第四节　地铁接驳　智慧畅行

随着杭城地铁网络的逐步成网，地铁线路长度已达450公里，并将于2022年达到516公里。以乘客接驳需求为出发点，杭州公交在这之中全力推进与地铁近距离换乘，大力发展短、频、快的灵活出行公交线，不断促进轨道公交两网融合发展，强化城市综合交通系统的高效运行。目前已开通地铁接驳线216条，总运营里程1726.4公里，日均运送乘客55.5万人。

1.运营新思路

（1）短、频、快的运营模式，加快车辆周转

短、频、快的线路长度通常不超过5公里，甚至很多线路长度不足2公里，它的主要功能是串联起小区、企业园区与地铁口之间的联系，"高频快速"是这类线路的代名词。

例如，1205M路就具有非常明显的"短、频、快"特征，整条线路总长度为2公里，主要将白洋地铁站与勾庄佳苑、上实海上海两个小区以及良渚古墩路小学进行衔接，仅早晚高峰运行，日均客流800余人次（图8-43）。

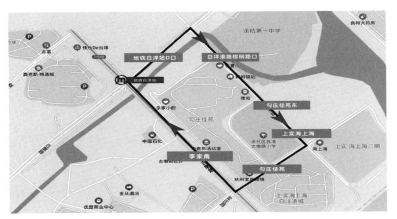

图8-43　1205M路线走向示意

1207M路线路长度仅为1.3公里，主要将白洋地铁站与良和雅苑小区进行衔接，经早晚高峰运行，日均客流400余人次（图8-44）。

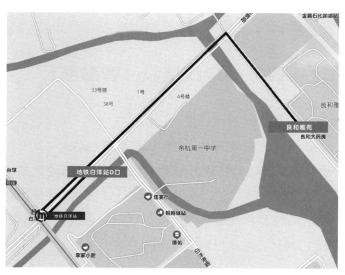

图8-44　1207M路线走向示意

1511M路线路长度为2.6公里，主要将长河地铁站与浙医二院滨江院区相衔接，满足受众群体就医需求，全天候运营，日均客流700余人次（图8-45）。

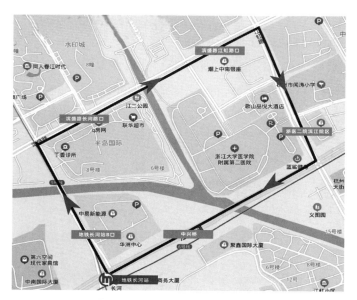

图8-45　1511M路线走向示意

（2）招呼设站，招手即停

通过在小区、园区、地铁站出入口等周边未设置常规公交站的位置设立招呼站，这一举措能够更进一步减少乘客步行距离，放弃共享单车、电动车等出行方式。

通过"招手上车、按铃下车"的方式（图8-46），实现灵活的乘车机制，吸引市民乘坐公共交通。目前杭州市共设立了98个招呼站，大大拓展了公交设站条件。

图8-46　招呼站

（3）遵循规律，早晚高峰不同始发站

根据乘客时段性的出行特点及方向，设置不同始发站。例如：早高峰将车站设在小区门口，晚高峰公交车在地铁口等乘客，如图8-47和图8-48所示的1306路公交车。

图8-47　1306路早高峰线路走向示意

（4）遵循规律，工作日、双休日走向不同

根据乘客时段性的出行特点及方向，在工作日期间会重点关注通勤问题，双休、节假日则会关注市民娱乐休闲等出行需求，如图8-49和图8-50所示的1605M路公交车。

图8-48 1306路晚高峰线路走向示意

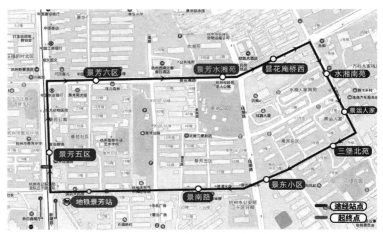

（a）1605M路早高峰线路走向示意

（b）1605M路晚高峰线路走向示意

图8-49 1605M路工作日线路走向

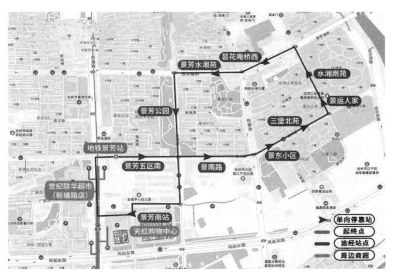

图8-50　1605M路双休、节假日线路走向

（5）社区微公交开进小区、园区和医院

截至目前，共计有22条公交线开进天聚府、港湾家园、水墩苑等19个小区内部，8条公交线开进浙大一院、浙大二院、杭州市中医院、邵逸夫医院等6个医院内部，一条公交线开进企业园区，"足不出户坐公交"的乘车体验吸引了越来越多的乘客（图8-51）。

图8-51　社区微公交

（6）设立懒人车站，一站双停，方便乘客

一站双停，让原本赶不上车的乘客依然能够坐上车，不影响出行计划（图8-52）。

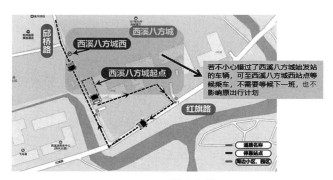

图 8-52　懒人车站

（7）成片服务，多场景串联，灵活出行

串联社区多个场景，服务社区居民出行，同时满足通勤、购物、就医、求学、地铁接驳等出行需求（图 8-53）。

（a）1310 路线路走向示意

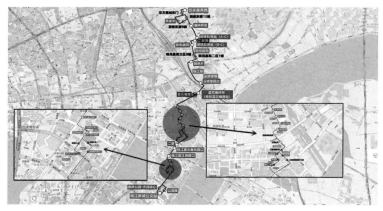

（b）1610M 路线路走向示意

图 8-53　多场景串联

（8）多模式公交运营，多样化出行选择

贴合市民出行需求，决定营运模式；贯穿生活场景，提供多种出行方式（图8-54）。

图8-54　多模式公交

2.运营新思路

（1）人休车不休，高峰无停站

浙医一院及浙医二院作为主城区重要的综合性三级甲等医院，前往就医的人数众多，一直也是城市交通堵点，医院门口不仅停车难、行车难且距离地铁站也较远，步行时间过长。

开通地铁接驳线能够很好地串联两个地铁站及医院，方便市民就医出行，缓解周边道路拥堵问题（图8-55）。

图8-55　医院与地铁接驳线

为保证线路发车频次，提升服务品质，1008M路创新推出"高峰不停站，人停车不停"的调度模式；高峰发车间隔为5分钟左右，平峰间隔为10分钟，全日运营92个班次（图8-56）。

（2）数智赋能，科学设定发车间隔及服务时间

发车间隔的保证是短距离接驳出行市民选择放弃电动车、共享单车出行的首要前提，密集的发车班次可以增加乘客黏度，提升公交出行满意度（图8-57）。

数智赋能，分析区域出行时段，合理匹配运能，科学设定发车班次及服务时间。

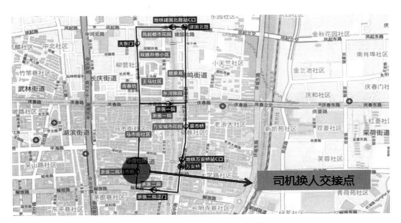

图8-56　1008M路调度模式

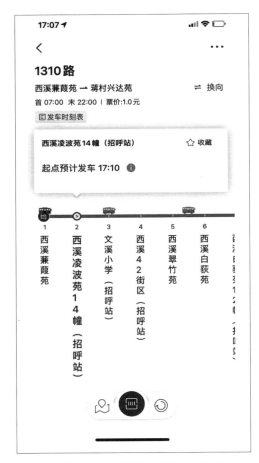

图8-57　1310路发车间隔及服务时间

　　结合客流与运力匹配分析，优化行车作业计划，设定发车间隔，贯彻"人多车密，人少车稀"调度原则（图8-58）。

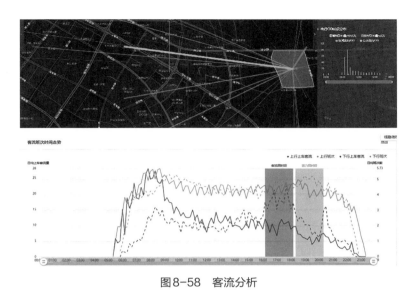

图8-58 客流分析

（3）地铁一到，公交即发；无缝连接，零等候

为了更好地服务地铁接驳换乘人群，杭州公交针对4条地铁接驳线试点"地铁一到、公交即发"的"无缝连接，零等候"举措。通过充分了解地铁班次到站时间，精确计算地铁出站步行到公交站台所需耗时，调整行车作业计划，合理设立发车时间，实现人车同步，无缝衔接。

（4）走街串巷，躲避拥堵，灵活出行

社区微公交（图8-59）作为城市骨干公共交通的补充及喂给功能，以其小巧的车身渗透到城市的街、坊、巷、弄，更为贴近百姓生活。不仅扩大了公共交通覆盖面，同时避免主干道的拥堵与大流量。

图8-59 社区微公交

在城市"毛细血管"道路上运营的社区微公交，免去了以往乘客步行到主干道乘车的烦恼，拉近了公交与市民的距离。

3.服务新举措

（1）建立公交小灵通，打造"公交社区"

公交小灵通服务机制的推行，旨在构建公交运营信息归集的全链条体系，完善运营沟通，增强公交出行获得感、幸福感和安全感。截至目前，共计成立沟通交流群129个，派驻420名志愿者通过地推、扫码等宣传方式开展沟通服务。

"公交小灵通"（图8-60）通过易拉宝宣传、社区（园区）服务台摆设、车内广告宣传、扫码入群等宣传举措，拉近市民的距离，建立快速便捷的沟通桥梁，将信访端口前移，更为深入民心。

图8-60　公交小灵通

"公交小灵通"的创立挖掘了公交服务的深度与广度，助力信访源头减量，提升开线成功率。

（2）打造生活管家出行新模式，贴合市民生活出行

公共交通串联的不只是市民的职与住，更连接了市民的每一次出行，包括购物、求学、游玩、就医。

打造全生活场景管家式出行服务的公交线，覆盖了社区居民每一个出行需要，贴近百姓生活（图8-61）。

图8-61　生活管家出行新模式

（3）实地客流调查，确定出行需求

为做好大型市场的公交配套，精准点位乘客出行需求，杭州公交针对四季青服装市场街区，派出60余人的调查小组，对14000余个摊位开展了一场关于出行需求的市场调查，充分了解从业人员以及消费者的大致出行方向、出行方式以及出行时段，为后期整体线路配套提供支撑。

依托前期的实地客流调查及研判，辅之以导乘系统的完善，四季青街区目前公交整体客流从开通初期的日均319人次攀升到目前的4000余人次，极大提升了市场周边的公交出行分担率，缓解街区交通拥堵（图8-62）。

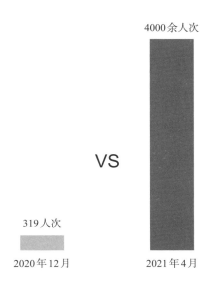

图8-62　四季青街区公交客流对比

4. 运营新成果

（1）化解路网尴尬，解决出行孤岛

三墩北紫金明珠板块是高速与铁路的合围区域，只有一条紫金港北路主干道与外围连通，公交布局受限，线路迂回系数高；杭州公交利用支小路开行社区微公交对接地铁站，方便乘客接驳换乘出行（图8-63）。

图8-63　三墩北紫金明珠板块路网

1216M路的开通，极大缓解了该板块市民出行的受限局面，线路客流目前已达日均1500人次左右，百公里客运量达293.66人次（图8-64、图8-65）。

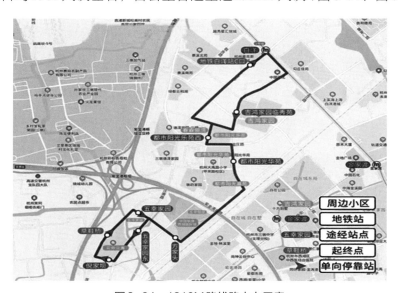

图8-64　1216M路线路走向示意

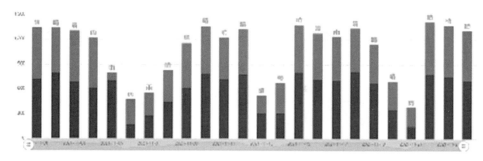

图8-65 1216M路开通后的客流统计

（2）减少步行距离，提升公交吸引力

萧山盈一佳苑市民原先出行乘坐公交车需要步行500～600米，乘坐地铁出行需步行1500米，出行较为不便，多数市民选择共享单车、电动车、网约车等方式出行（图8-66）。

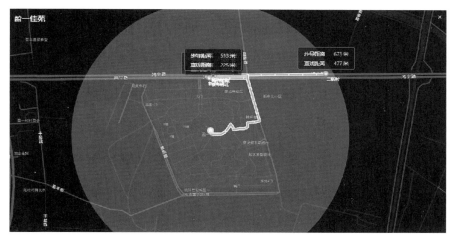

图8-66 开通531M路前乘客步导图

在充分调研居民出行需求后，开通531M路，并在小区内部道路穿行，实行小区内部"招手即停"的乘坐方式，吸引市民乘车出行，减少了电动车、网约车的出行量，提升了公交吸引力。531M路开通后，乘客可在小区内部乘车出行，减少步行距离，方便市民乘车，目前该线日均客流已达1500余人次。

（3）创造新需求，提升分担率

结合医院周边"停车难、行车难"的实际，深入挖掘市民"就医"出行需求，不仅开通医院与地铁站的地铁接驳线，更将线路站点设置在医院内部，倡导绿色出行，减少步行距离，缓解道路拥堵，提升公交分担率（图8-67）。

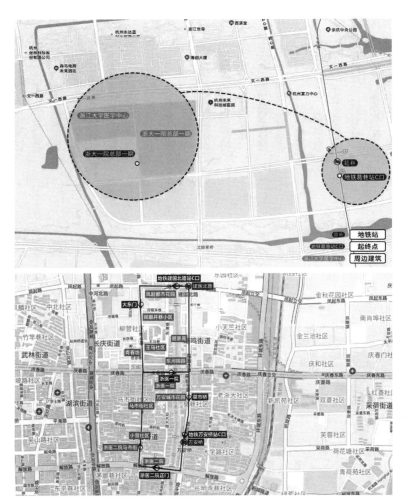

图8-67　1305M路线线路示意

（4）数智赋能，引导地铁接驳开线方向

数智赋能，分析地铁接驳空白区，挖掘出行孤岛，指导公交线路开行方向
（图8-68）。

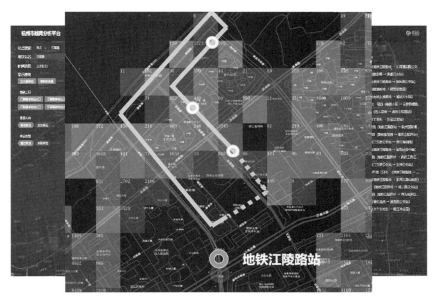

图8-68　地铁接驳线分析

第五节　共享出行　定制服务
——定制公交的发展探索

2022年是中国共产党成立101周年，是"十四五"开局之年、全面建设社会主义现代化国家新征程开启之年，随着人民美好生活需要的日益广泛，对物质生活提出了更高要求；同时，随着杭州轨道交通的快速发展，公交系统正面临着服务供给与出行需求如何平衡发展的关键时期。近年来，杭州公交坚持以问题为导向，按照"公益性定位、市场化运作"的原则，以推进"数智公交"为抓手，充分发挥大数据作用，致力于做好地铁站公交接驳（图8-69）、出行空白填补、常规线路优化等城市公共交通出行保障基础服务。除此之外，面对多样化的出行需求，建立了多层次，差异化服务体系。其中，杭州公交大力发展定制公交，助力打造"数智杭州 宜居天堂"。

（1）2016年年初，杭州公交在西湖景区尝试了各种定制版的公交线路，陆续开通交通枢纽与西湖景区、景点与景点以及住宅区与景区之间的连接线，减少中途换乘，实施点到点出行服务。

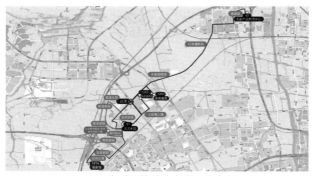

（a）白洋地铁站公交接驳示意

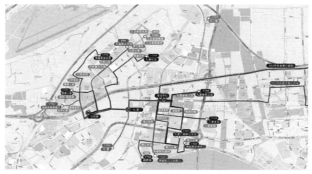

（b）九堡区域地铁站接驳示意

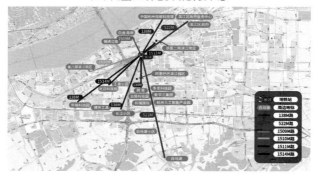

（c）长河地铁站辐射范围示意

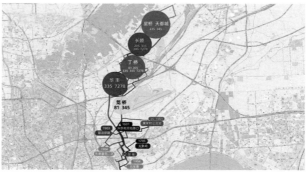

（d）彭埠地铁站公交接驳示意

图8-69　地铁站公交接驳示意

截至目前，共计开通火车东站至灵隐、白堤（平湖秋月）至雷峰塔等数字旅游定制线8条，日均客运量2.21万人次。积极配合交警部门对景区旅游大巴管控的措施，2016年9月起，杭州公交先后在虎玉路、万松岭、闸口、将台山等道路或停车场提供景区团体定制类服务，日均发送定制班车405班，运送游客1.73万人次（图8-70）。

图8-70　公交数字旅游1号线行驶在北山街上

　　与此同时，杭州公交还在重要赛事、活动期间开通定制公交。如春运返程期间，开通火车东站至小和山、滨江等地的定制公交；如针对明星演唱会、音乐节及重要活动结束后用于疏散开通的定制公交线路。

　　（2）2018年6月，杭州公交推出了"心动巴士"服务，使地铁与地面交通的接驳向多元化进行升级。其主要面向距离地铁站1公里以上，15公里以下的企事业单位推出该项服务，由企事业单位根据自身的实际需求，向杭州公交定制地铁站至单位的通勤出行服务。与此同时，它也是"传统公交"向"创新公交"转变的重要体现，为减少私家车出行、缓解大型园区及企业门口早晚拥堵现象、倡导绿色交通做出了一定贡献，优化提升营商环境，使专业人才、高新企业能够心无旁骛地为社会创造更多价值、作出更大贡献，助力杭州城市发展再添新优势、再上新台阶。

　　位于滨江区的网易成为心动巴士首个客户。截至目前，共开通心动巴士423辆，日均服务乘客3.34万人次（图8-71）。

图8-71 心动巴士

（3）2018年9月，杭州公交在滨江区试运行"求知专线"，将家长和学生由各住宅小区接送至中小学、少年宫和各培训机构。

"求知专线"的开通，一是方便了学生上下学交通出行；二是缓解了学生接送造成的时段性拥堵问题；三是保障了学生出行的交通安全；四是倡导了低碳绿色的集体出行方式；五是实施了"公益性定位，市场化运作"机制，在不增加财政负担的情况下，利用运力的综合使用，提升了市民的获得感和幸福感。

截至目前，共计开通632条"求知专线"，日均运送学生达3.3万人。图8-72所示为采荷一小求知线。

图8-72 采荷一小求知线

（4）2019年春运，杭州公交推出了"橙意暖巴"（图8-73），它为具有相近出行方向乘车需求的旅客提供"准门对门"的定制化公交服务，线路设置具有"无固定走向、无固定站点、服务时间迟、按路线远近由近及远依次送达"的特点。

图8-73　橙意暖巴

"橙意暖巴"的服务理念是"回家路上，有我相伴"。它弥补了常规公交无法做到个性化服务的缺陷，又缓解了出租车、网约车在高峰期等候时间长的局面，填补了地铁收班后的公共交通空白，并在一定程度上有效遏制了非法运营车的滋生，得到了东站管委会、铁路、公安、城管等部门及媒体、乘客的一致好评。

（5）2019年11月，"橙意暖巴"又再度升级，推出"橙意暖巴·彭埠"。"橙意暖巴·彭埠"在彭埠地铁站继续为丁桥、长睦、天都城等方向提供"准门对门"的定制化服务，只要前往上述方向的任意小区的乘客均可乘坐，暖巴驾驶员会根据远近先后依次送达。

从傍晚6点到深夜11点半，"橙意暖巴·彭埠"每天服务丁兰、星桥一带的居民达到1000余人次。

（6）2019年3月，杭州公交联合市文明办开通了"爱国主义教育"公交线路（图8-74），串联杭州主要的爱国主义教育基地，独创文化传承的新模式。为进一步讲好梁祝故事、杭州故事、中国故事，更好地彰显杭州历史文化名城的独特韵味。

图8-74 "爱国主义教育"公交线路

（7）2019年8月，杭州公交在万松书院发车启动象征中意两国友谊，推进中国杭州、意大利维罗纳两座"浪漫之都"友好关系的1314路"中意巴士"（图8-75）。

图8-75 1314路"中意巴士"

中意巴士共有两条线路，线路编码便透露着一股爱情气息，分别是1314路和WE1314路。在车身设计上，以红、白、绿三色为主调，杭州和维罗纳的爱情元素点缀其中，其中红色和绿色分别代表中国和意大利，车身上用桥梁剪影将两国代表色连接在一起，象征着中意友谊来往连绵不断。

1314路"中意巴士"还开展了许多延伸活动，丰富了品牌内涵，2020年11月，杭州公交与杭州市退役军人事务局共同发起的"用爱向老兵致敬"1314抗美援朝老兵婚车主题活动，纪念中国人民志愿军抗美援朝70周年（图8-76）。

图8-76 "1314"爱情线为抗美援朝50年金婚老人举办婚礼

（8）2020年8月，"510小莲清风线"亮相杭州城（图8-77），成为宣传清廉文化的活的灵魂，助力提升清廉文化引领力、传播力和渗透力。

图8-77 510小莲清风线

（9）2021年3月，由杭州市纪委市监委、杭州市城投集团、杭州市公交集团联合打造的"小莲清风廉运"正式启动（图8-78）。作为"510小莲清风专线"的升级版，从杭州市区辐射到整个长三角区域，旨在推动清廉文化影响力进一步提升。

图8-78　小莲清风廉运

（10）2020年9月，582"我帮您"助残线开通，绕西湖环线行驶，让残疾人坐绿色低碳的公交车去欣赏杭州西湖美景，彰显公交社会责任（图8-79）。

图8-79　582"我帮您"助残线

（11）2020年9月，508H龙井数字线开通，线路结合城市大脑大数据平台，实现景区智慧管理，开启龙井路治堵新思路。如图8-80所示为后台数据测试画面。

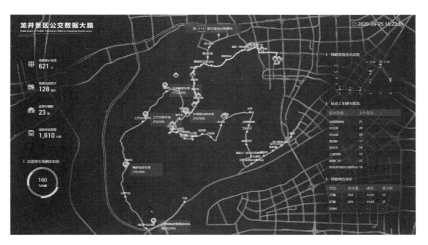

图8-80 后台数据测试画面

（12）2020年年初，疫情来袭，为确保火车东站到站的黄码、红码"杭州人"安全有序疏散，杭州公交升级此前的"橙意暖巴"，于2月20日凌晨5∶30开通了6条由火车东站开往主城区各区域的战"疫"暖巴线（图8-81）。

图8-81 战"疫"暖巴线及工作人员

截至任务结束，累计发放战"疫"暖巴3474班，运送乘客1.19万人。

在医护人员与疫情作战的关键时期，杭州公交立足本职，为逆行者逆行，快速响应、定制线路，体察需求、优化线路，组织运力、加密班次，为白衣天使保驾护航。

2020年1月22日起，陆续开通了浙大一院庆春院区至之江院区医护人员线、西溪医院医护人员集中居住地溪杏苑酒店至西溪医院医护人员线等17条医院线，辐射20家医院。

为最大程度减少疫情的交叉感染，满足企业复工复产后员工通勤的需求，杭州公交自2020年2月10日起推出定制公交预约服务（图8-82）。

图8-82　定制公交预约

海康威视、吉利控股、博世电动等188家企业开通定制公交线372条，投入车辆488辆，日均运输企业员工1.21万人次，获得了企业的一致好评。

为解决互联网企业集中上下班时出现的"叫车难、打车等候时间长、道路拥堵"等难点痛点，2021年1月18日，杭州公交与阿里巴巴集团合作，在增开地铁5号线至园区地铁接驳线的基础上，又根据园区夜间网约车的大数据OD，充分分析出行时空规律，围绕西溪园区开通了4条夜间通勤线（图8-83），连接五常、蒋村、闲林、余杭等街道。

通过前期的技术对接，夜间通勤线的实时定位系统与阿里内部的"欢行"App打通，方便员工实时查看车辆位置信息。员工可通过工牌和内部二维码刷卡乘车，为鼓励员工绿色出行，企业还为乘坐公共交通的员工发放"欢豆"，通过累计积分换取一定实物和优惠奖励。上述线路共同组成了阿里西溪园区的定制公交系统，下一步还将在蚂蚁Z空间、蚂蚁A空间内部设置公交始发站，为园区提供集通勤、差旅、穿梭为一体的专业化运输服务，构建"园区集中出行样板"。

自2016—2021年的六年间，杭州公交共计开通各类定制线1055条，日均

图8-83 夜间通勤线

服务乘客23.47万人次。

（13）2022年，杭州公交将在原有的基础上，进一步深化定制公交的品牌建设，深化"爱国主义线""小莲清风线""中意巴士"等乘客耳熟能详的定制公交品牌，在2.0版本的基础上，打造"小莲清风线"的3.0升级版——小莲清风区属廉运专线，将清廉文化阵地地图不断扩大，串联起更多、更丰富的廉洁文化阵地，成为真正的清廉文化流动窗口。

此外，在定制公交方面，杭州公交将积极对标其他先进服务经验，推出"一点就到"公交预约制服务（图8-84），为市民打造更智慧的定制公交。

图8-84 "一点就到"公交预约制服务